AF242130

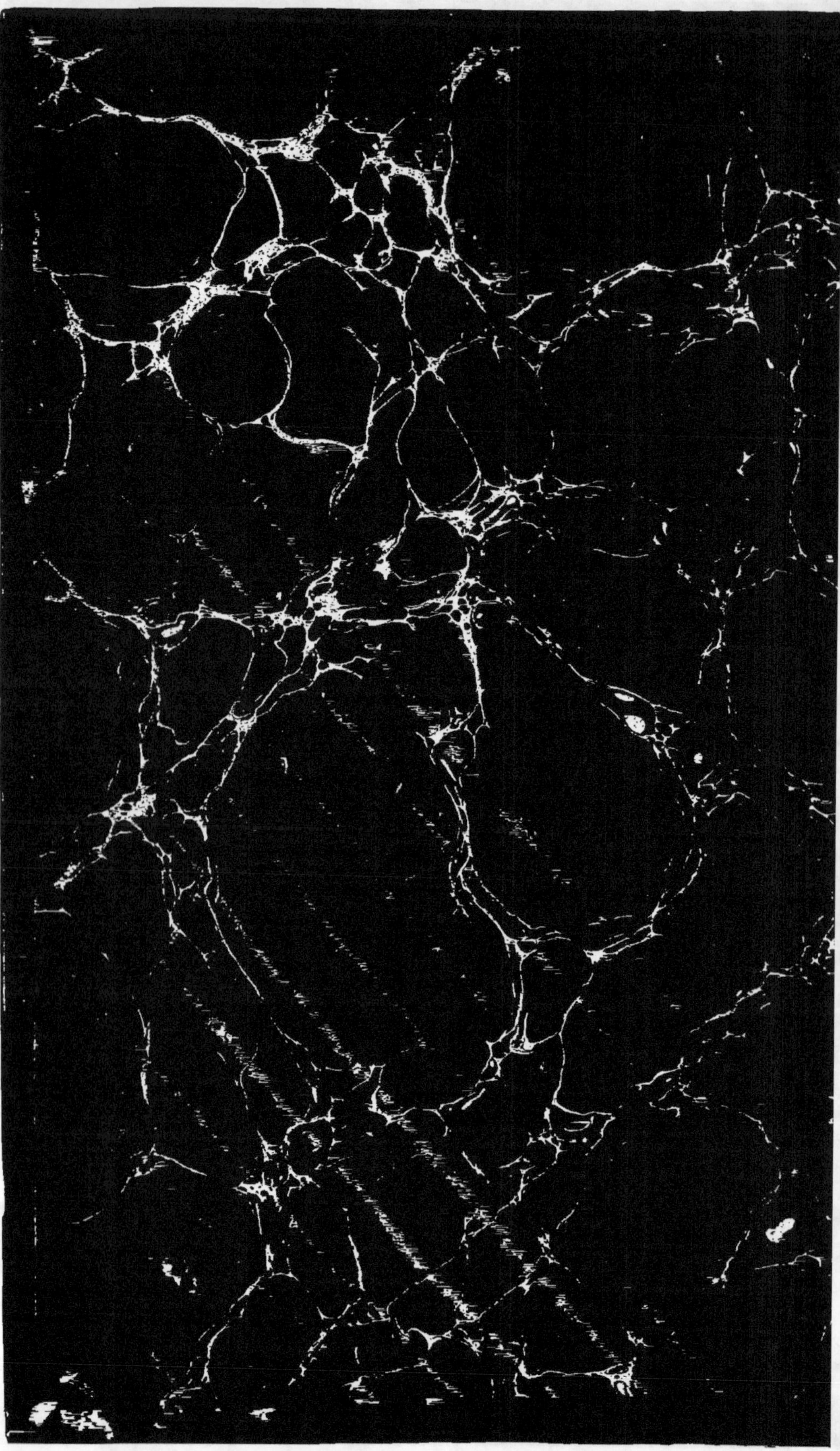

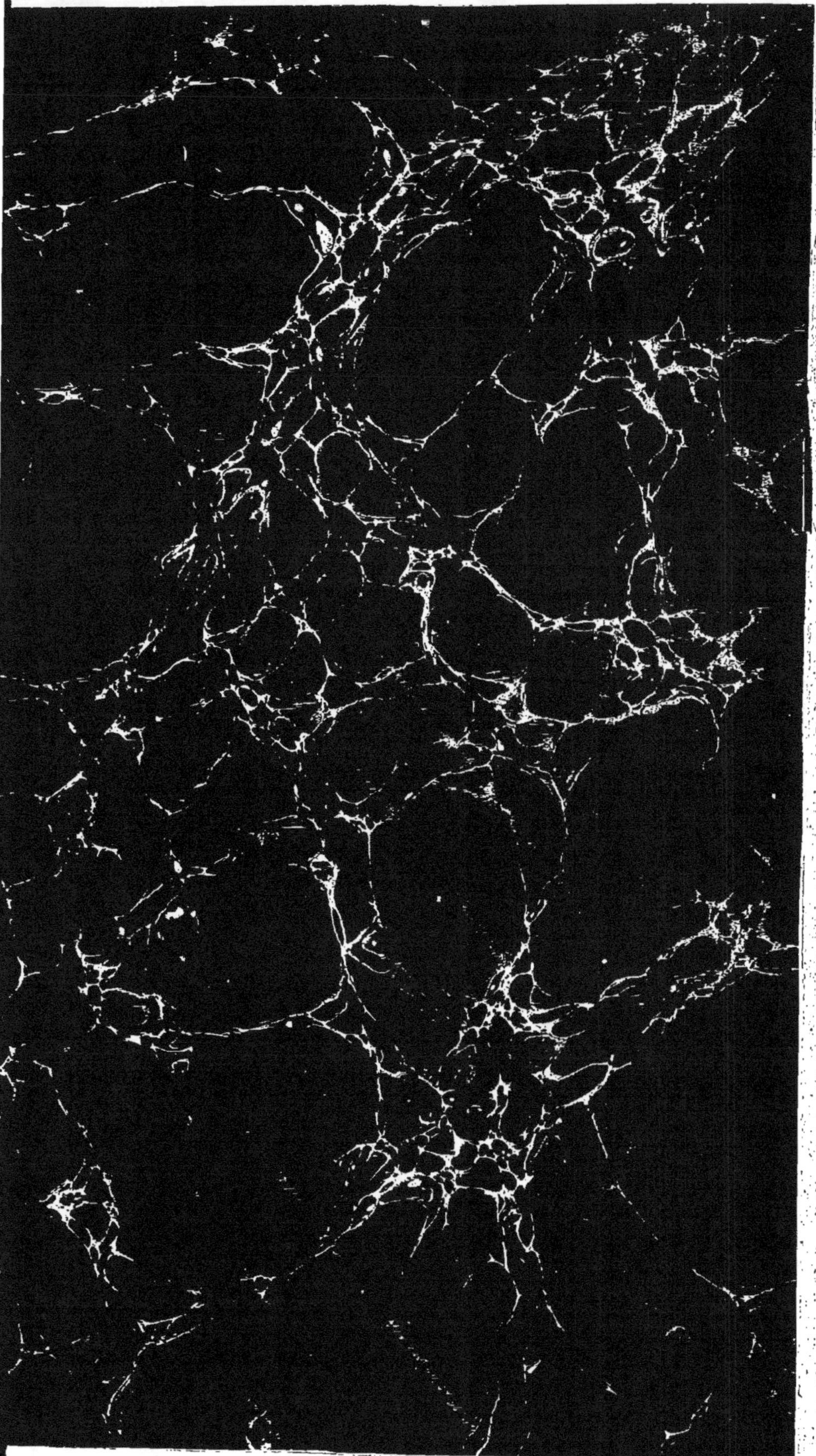

ŒUVRES

DE MONSIEUR

REGNAULT DE WARIN.

L'ANGE

DES PRISONS,

ÉLÉGIDE.

IMPRIMERIE DE FAIN,
RUE DE RACINE, PLACE DE L'ODÉON.

LOUIS XVII.

Né à Versailles, le 27 Mars 1785, Mort au Temple le 8 Juin 1795.

Dans les tems orageux des crimes politiques,
Il trouva trop pesant le septre paternel;
&. le front couronné d'étoiles pacifiques,
Il prie et règne au séjour éternel.

L'ANGE DES PRISONS. *Poème de M. Regnault de Warin.*

Dessiné sur le baste original
du Cabinet de MADAME.

L'ANGE

DES PRISONS;

(Louis XVII)

ÉLÉGIDE,

Par M. REGNAULT DE WARIN:

Avec le portrait du jeune Roi, dessiné sur le buste du
cabinet de Madame, duchesse d'Angoulême, et des
romances gravées.

Dies peregrinationis meæ... parvi et
mali, et non pervenerunt usque
ad dies patrum meorum.
Genes. Cap. 47, vers. 9.

A PARIS,

Chez { L'HUILLIER, Libr.-Édit., rue Serpente, N°. 16.
{ DELAUNAY, Libraire, au Palais-Royal;
{ PILLET, Imprim.-Libr., rue Christine, N°. 5.

1817.

AVERTISSEMENT
DE L'ÉDITEUR.

M. Regnault de Warin, proscrit en 1793, fugitif en 1795, rentré en France l'année suivante, s'y occupa, dans une solitude inconnue, à réunir les matériaux de l'histoire secrète de la révolution. Il avait alors un peu plus de vingt ans.

Le *Cimetière de la Madeleine*, écrit en 1799, parut en 1800 et 1801 ; mais bien différent de ce qu'il était sous la plume véridique de son auteur, il ne put être présenté à l'intérêt des lecteurs, que mutilé par la police d'alors. L'imprimeur fut arrêté, le libraire poursuivi, et M. Regnault de Warin, qui, sous les diverses phases de la terreur, avait subi une détention de dix-huit mois et une accusation capitale devant le tribunal révolutionnaire, fut arrêté de nouveau, et courut toutes les chances d'une persécution d'autant plus inquiétante, qu'elle fut plus mystérieuse.

Depuis, il a successivement publié *le Contemplateur*, ouvrage périodique, suspendu dès les premières livraisons ; le premier volume des *Prisonniers du Temple*, que l'autorité lui défendit de continuer ; *l'Homme au Masque de Fer* et *Madame de Maintenon*, romans historiques ; d'autres romans, tels que *Spinalba*, *Roméo et Juliette*, *la Caverne de Strozzi*, etc. Des productions d'un ordre plus élevé ont signalé la carrière de cet écrivain ; parmi elles on a distingué *les Études Encyclopédiques*, *les Loisirs littéraires*, le livre intitulé : *Cinq Mois de l'Histoire de France*, et tout récemment *la Conspiration de Henri II, duc de Montmorency*.

Quel que soit le jugement littéraire

qu'on porte de cet auteur, on ne peut, sous le rapport politique et moral, lui refuser le courage qui, sous toutes les oppressions, professa les principes, et la constance qui sut les maintenir. Ces principes peuvent s'énoncer en quelques mots :

> Tout pour la Vérité,
> Le Prince et la Patrie,
> Et la Gloire chérie,
> Les Mœurs, les Arts, la Liberté!

L'ouvrage que nous publions aujourd'hui confirmera cette opinion. L'éditeur n'en dira rien, quant à l'objet littéraire, que M. Regnault de Warin a exposé dans le discours suivant; sous un autre point de vue, on peut regarder L'ANGE DES PRISONS comme le complément du *Cimetière de la Madeleine*, et les *Notes historiques* comme la rectification des erreurs volontaires de ce dernier ouvrage. Puisse-t-il, ainsi que lui, se propager partout où il y a des âmes françaises! ou, pour mieux dire, puisse-t-il sous diverses formes, et dans les différens idiomes de l'Europe, accoutumés à s'approprier les productions de l'auteur, mériter le suffrage et obtenir des larmes de tous les cœurs sensibles! car, tous les bons cœurs ne sont-ils pas frères!

QU'EST-CE QUE *L'ÉLÉGIDE?*

Si, pour tenter une innovation ou la proposer, il fallait des titres recommandables et que le nom du novateur fût une autorité, je devrais me taire, et je me tairais; mais une idée heureuse peut être présentée par un homme inconnu, et développée par de plus habiles. Quel risque d'ailleurs y a-t-il de hasarder une innovation littéraire? Celles de la politique mettent le feu partout, celles de la littérature ne seraient dangereuses qu'en tant qu'elles offenseraient le goût; et, alors même, à titre d'hérésies, elles subiraient bientôt l'excommunication des orthodoxes, ou tomberaient par le ridicule.

Les régens du Parnasse trouveront-ils ridicule un genre qui doit réunir la plaintive simplicité de l'élégie à l'imposante majesté de l'épopée? Les écoliers livreront-ils ce genre aux sifflets qui font le destin des drames? C'est ce que m'apprendra la chute ou le succès. Jusque-là, sans vouloir justifier mon dessein, je dois me contenter de l'exposer. Les esprits pénétrans découvriront mes motifs dans mes règles, et il est inutile de les

démontrer à ceux qui, après m'avoir entendu,
me rejetteraient dans l'ornière de la routine.
Pour ces honnêtes gens, Athalie n'est pas un
chef-d'œuvre parce qu'elle est la production du
génie, mais parce qu'en l'écrivant le génie a obéi
aux règles d'Aristote. J'ai vu ces mêmes jansé-
nistes littéraires, tellement indignés des har-
diesses de M. Lemercier, qu'ils eussent volontiers
transporté la tragédie au parterre, plutôt que d'applaudir aux beautés neuves dont cet auteur essaie
d'enrichir notre Melpomène appauvrie. Aussi
obscur qu'il est célèbre, peut-être aurai-je des
juges moins prévenus et des lecteurs plus indul-
gens. Que ceux-ci daignent se rappeler que l'al-
lure de l'esprit, comme celle du feu, est de s'é-
lever en se développant; que le lendemain des
révolutions politiques est le jour des tentatives
littéraires; et que, si Corneille eût écouté Scu-
déry, Subligny et d'Aubignac, il n'aurait pas été
plus loin que Jodelle et Garnier. S'ensuit-il de
là que chaque novateur soit tenu de justifier sa
témérité par un *Misanthrope*, une *Mérope*, un
Cinna? On pourrait le désirer, on n'oserait le
prétendre. Ce qu'on a droit d'exiger, c'est qu'il
ouvre quelques perspectives, jusqu'alors non dé-
couvertes, dans le domaine des arts; et qu'en
respectant la raison, le vrai, le beau, le goût,

les règles primitives et les modèles, il ajoute aux richesses de l'univers poétique, ou du moins n'augmente pas ses besoins.

Sans établir par le raisonnement la nécessité, l'utilité, l'agrément du genre que je propose; sans l'expliquer par une analyse subtile, et surtout sans le farder par un appareil rhétorique, je me contenterai de l'exposer sèchement. Ce procédé, où l'on reconnaîtra quelque bonne foi littéraire, découvrira soudain les parties faibles du système, et mes maîtres pourront juger s'il peut n'être pas rejeté.

§ I.

DÉFINITION *DE L'ÉLÉGIDE*.

Qu'est-ce d'abord que l'ÉLÉGIDE? *C'est un récit poétique, nécessairement plaintif et possiblement merveilleux, d'une passion, c'est-à-dire d'une souffrance.*

1. C'est un *récit*, ressemblant en cela à l'histoire, qui raconte aussi, mais en différant par la nature de la narration qui, dans l'histoire, est toujours celle des événemens arrivés, tandis que dans l'élégide, ce peut être celle des événemens fabuleux.

2. C'est un *récit poétique*, ressemblant par-là

à l'épopée, qui invente le fond et dispose la forme de la narration ; à l'héroïde, qui revêt celle-ci d'une couleur particulière ; au roman même, dont il diffère par la forme héroïque et le coloris brillant, quoiqu'il puisse lui être analogue par la création ou l'arrangement des faits.

3. Ce récit poétique est *nécessairement plaintif* : c'est son caractère spécial et distinctif ; en quoi il diffère des genres précités, en quoi il ressemble à l'élégie, dont la nature est de se plaindre, et de laquelle il n'est qu'une extension. Celle-ci souffre, gémit, verse des larmes ; mais ces mouvemens de la douleur, irréguliers comme elle, éclatent sans motif, se prolongent sans terme nécessaire, s'arrêtent sans raison expliquée. Tels sont en effet les écarts désordonnés de la douleur. Était-il impossible de soumettre cette passion à une marche plus méthodique, et, sans comprimer ses élans, de la circonscrire aux bornes d'un récit ? C'est l'objet du genre soumis à la censure.

4. Ce récit poétique, nécessairement plaintif, n'est que *possiblement merveilleux*. Nous verrons que les causes, dont la narration expose les effets, peuvent être naturelles, surnaturelles ou mixtes. Dans cette dernière hypothèse, comme dans la première, qu'elles soient intérieures dans l'action ou dans le héros, ou extérieures, c'est-

à-dire , hors du héros ou de l'action, elles ne seront pas , elles ne peuvent être l'ouvrage de la machine , et le produit du merveilleux. Rien n'empêche toutefois qu'il soit employé, comme dans l'épopée , pourvu que son intervention soit indispensable , que ses ressorts soient agrandis par leur usage et ennoblis par leur résultat. Nous indiquerons tout à l'heure , avec quelle sobriété on les doit employer.

5. Ce récit poétique , nécessairement plaintif, possiblement merveilleux , est *celui d'une passion* , c'est-à-dire *d'une souffrance*. L'épopée raconte une action , et la raconte héroïquement ; l'élégie plaint sa douleur, et la plaint poétiquement ; l'élégide gémit, en contant poétiquement la souffrance qui la fait pâlir , et dont elle reçoit l'action. Par cette situation passive , ses héros diffèrent essentiellement des héros épiques , qui font une entreprise et l'exécutent. C'est contre ceux de l'élégide, au contraire, qu'on la dirige : ils souffrent , ils luttent , ils succombent. Leur souffrance , que je nomme techniquement leur passion , se développe graduellement dans le tissu de la narration ; leur résistance en forme le nœud ; leur chute apparente, le dénoûment. Quand le système merveilleux

fait aller l'action, le complément est plus haut :
c'est par les puissances supérieures qu'il s'opère.

§ II.

MATIÈRE *DE L'ÉLÉGIDE*.

1. Dans la définition de l'élégide, on en trouve
aussi la matière : ce n'est point une action qu'il
faut mettre à fin, c'est *une passion à faire souffrir*, une souffrance à infliger : passion héroïque
ou tendre, souffrance grande et noble, qui saisit
et captive l'âme par son objet, qui l'attache par
ses moyens, qui l'intéresse dans sa continuité,
par l'importance des événemens, par le caractère ou les passions du héros.

2. Quels que soient le catactère ou les passions
de celui-ci, il est, dans sa position passive, *en-
trepris* par des agens intérieurs ou extérieurs : *intérieurs*, s'il est mu par ses propres sentimens,
ou plutôt par des affections si vives, qu'elles
s'exaltent jusqu'à la passion ; *extérieurs*, s'il devient le jouet de certains événemens, lesquels
peuvent être amenés et combinés par deux
sortes d'influences, celle des hommes et celle
des puissances supérieures.Ici commencent le jeu
des ressorts surnaturels et l'exercice du merveilleux. Que le génie en prescrive l'emploi,
mais que le goût en assigne les fonctions.

3. Agens du dedans ou du dehors, impulsion humaine et visible, ou pouvoir invisible et surnaturel, leurs moyens seront pris ou dans les événemens de l'entreprise, ou dans le caractère et les passions du héros. *Dans les événemens,* l'action pourra se développer historiquement, ou s'échafauder d'une manière romanesque ; *dans le caractère du patient,* elle offrira un intérêt moral, qui s'élevera au degré le plus puissant, si ce caractère est ou devient passionné.

4. En jalonnant la route de l'action, ou, pour parler selon mon système, la marche de la passion, j'en ai indiqué l'*objet.* Unique ou multiple, qu'il ait ou qu'ils aient des *sentimens nombreux,* variés, opposés, énergiques ; mais qu'ils ne soient remués que par *un seul mobile.* De cette condition expresse dépend l'*unité d'intérêt,* laquelle est synonyme ici d'*unité d'action.*

§ III.

QUALITÉS *DE L'ÉLÉGIDE.*

1. Cette *unité* est la première, la principale des qualités de l'entreprise. On l'obtiendra, comme dans tout genre et dans tout sujet, par son *indépendance* de toute action, de tout sujet, de tout genre différens ; par *la liaison* intime, réci-

proque et indissoluble *de ses parties*; par *la sûreté et la force des moyens* adoptés pour la faire
réussir ou pour l'attaquer; par *l'importance indi-
viduelle*, et mieux encore *morale*, de *la fin*
qu'on se propose.

2. Les *épisodes*, les digressions, les écarts nui-
sent-ils à l'unité? Non, s'ils sortent du sujet;
s'ils sont amenés avec une adresse qui fasse
croire à *leur nécessité*; s'ils sont *courts*, *variés*,
contrastés entre eux, ou du moins *différens* des
objets qui précèdent et qui suivent; enfin, si,
au mérite de *la rareté* et d'un *intérêt nouveau et
pressant*, ils joignent celui de rentrer, par des
teintes savantes et insensibles dans *la couleur*
prescrite *du genre*, et dans *le ton* général *du
sujet*.

3. L'*intérêt*, qui naît de l'unité d'entreprise et
de sentimens, s'ouvre deux sources abondantes
dans le *jeu des obstacles*, et dans la *marche pro-
gressive de la passion*. La première de ces sources produit le singulier, le piquant : c'est un ap-
pât à la curiosité. La seconde jaillit, pour ainsi
dire, de l'âme humaine, à laquelle elle retourne
par les affections qui la lient à la nature, à la religion, à la société. Tout esprit est curieux, sans
doute; toutefois il l'est selon une échelle dont les
circonstances ont déterminé les degrés; mais sur

quel thermomètre le cœur a-t-il besoin de se re-
gler pour aimer sa famille, sa patrie et son Dieu?
De ces affections universelles naissent le pitoyable, le sensible, le touchant, sentimens qui nous
révèlent notre cœur, et, pour ainsi dire, notre
existence; sentimens qui ont devancé toutes les
rhétoriques, et sur lesquels les rhétoriques sont
fondées; sentimens enfin, qui nous rendent
heureux et fiers d'être fils, époux, père, ami,
qui nous méritent le titre de citoyen, et justifient
celui d'homme.

4. A eux, à ces sentimens naturels et sacrés,
correspondent, dans le domaine des arts, les
ressorts de la pitié, de la terreur, de l'admiration. A peine une main habile les a-t-elle touchés,
que soudain retentit, dans une âme bien orga-
nisée, le cri qui doit y répondre. L'élégide, plus
souvent qu'aucun autre poéme, maniera ces mo-
biles puissans et les maniera avec succès. Qu'on
n'oublie point qu'elle repose sur des malheurs à
causer, sur des douleurs à produire, et qu'elle
est toute entière dans des malheurs et des douleurs
à peindre. La plume du poëte élégiaque se
trempe dans les pleurs ; j'ose y mêler quelques
gouttes sanglantes, et renforcer des cris de la
terreur les soupirs de la pitié.

5. Ainsi marche et se développe ce poëme,

**

dont *le pathétique* seul forme le tissu continu ,
et dont *le singulier* ourdit la trame. Celle-ci,
composée de nœuds plus ou moins serrés ,
qu'elle prend et choisit dans les obstacles intérieurs ou extérieurs , offre , parmi eux , et fait
ressortir , par l'artifice de son arrangement , *un*
nœud principal , duquel tous les autres dépendent,
auquel ils sont subordonnés , et qui , résolu ,
décide aussi sur leur résolution.

6. Cette résolution est *le dénoûment*. La révolution qu'il amène *est toujours malheureuse* ,
humainement parlant. Mais comme l'excès du
malheur en amène le terme , il suit que , selon
un ordre d'idées plus hautes , c'est-à-dire reli-
gieuses , la fin de l'infortune est le commencement de la félicité. Je dis de la félicité , et je
parle dans le sens mystique ; car l'élégide est essentiellement religieuse : ses héros sont très-con-
venablement des martyrs, ou du moins (ceci est
de rigueur) des patiens dont la souffrance est
l'élément , les larmes la nourriture, et qui n'ont
rien à attendre des humaines prospérités.

7. Cette partie de ma théorie semble exiger
l'intervention des puissances invisibles et surnaturelles. Je ne les crois pas d'une indispensable
nécessité; mais tandis que leur influence explique,
par des effets palpables , les mystères des causes

secondes, leur présence répand sur l'entreprise et sur la narration une teinte sombre et presque magique, qui frappe l'imagination, subjugue les sens, et prépare l'âme ébranlée par la terreur, aux tendres émotions de la pitié.

8. *Une*, *intéressante* et *merveilleuse* : telles sont donc les qualités capitales de l'action ; les deux premières, communes d'ailleurs à presque toutes les productions de l'esprit, sont exigées par le bon goût, autant que par le bon sens ; la dernière paraît seulement admissible, et pourrait bien ne pas l'être dans certains sujets. Quant à *l'intégrité* de l'entreprise, il serait superflu d'en démontrer les avantages ; et, pour ce qui est de *la vraisemblance*, on concevra qu'on ne saurait trop la respecter dans un genre où les mouvemens du cœur pourraient égarer les lumières de l'esprit. Une première erreur de ce dernier ferait éclore des monstres ; et, ce qui est pis, elle tenterait, par d'autres erreurs, de les propager et de les faire admettre.

§ IV.

FORME *DE L'ÉLÉGIDE.*

Je me tairai sur *la forme* de l'élégide : lui prescrire des règles que je ne pourrais appuyer

par l'autorité d'aucun modèle , ce serait mériter
le reproche adressé à Lamothe, de faire des poé-
tiques pour ses ouvrages. Le mien est là , d'ailleurs ; et , puisqu'il est unique , dans un genre
inouï , il faut bien que j'y renvoie, comme au
seul exemple. S'il n'est pas dédaigné , peut-être ,
en étendant cette esquisse, aurai-je la satisfaction
de prouver la bonté de ma doctrine par celle
d'un véritable modèle. Je le demande aux jeunes
et vigoureux nourrissons des Muses , que n'ef-
fraient point les clameurs de la routinière mé-
diocrité ; surtout, je le leur demande en vers, tels
qu'en écrivaient Properce et Collardeau, tels, surtout, que la nuit en inspirait à Young. Qu'ils
relisent ce chantre sublime des tombeaux; qu'ils
y joignent les pages touchantes d'Hervey , et
ces admirables tableaux , où la main du peintre
de *René* a revêtu des riches couleurs de la mélancolie , un dessin qui semble échappé à Jéré-
mie. Pénétrés des beautés de ces grands modèles,
autant qu'avertis par mes fautes ; mais fidèles à
une doctrine que je crois saine, qu'ils saisissent
leur lyre demi-voilée de crêpe , et, qu'en présence de l'éternité , aux pâles flambeaux des
nuits, ils chantent , ou plutôt, qu'ils soupirent
la chute d'Adam , les souffrances de Job , la sanglante catastrophe de la Rédemption, la condam-

nation d'Agis, la constance de Régulus, les funestes amours de Marie Stuart, la mort de Charles Ier. Les infortunes royales appartiennent à l'élégide, que je représenterais comme Monime, mouillant de pleurs, teignant de sang le diadème sous lequel il y a tant d'épines.

L'ANGE

DES PRISONS.

PREMIER NOCTURNE.

QUEL sourd murmure, quelles rumeurs
prolongées , quelles clameurs bruyantes
m'arrachent à mon pénible sommeil?
La première aube ne blanchit point encore l'horizon embrumé; et, dans ces
ténèbres qui commencent à fuir , ma
lampe studieuse est le seul astre qui me
luit. Pour échapper aux tragiques spec-
tacles dont la France est le théâtre, je
m'étais, cette nuit, réfugié dans Athènes,
pays de forte et ingénieuse mémoire.
J'évoquais, autour de mon foyer solitaire , ces Grecs héroïques qui aimèrent
la patrie plus que tout, et la vertu plus

que la patrie. O magnanime Épaminon-
das ! ô noble Périclès ! ô sage Aristide !
ô modeste Philopœmen ! ô divin So-
crate !..... Mais d'infâmes Anitus ont
abreuvé de poisons broyés pour le crime
les lèvres qui enseignaient la vertu ; mais
le sang de Lycurgue, versé par la sé-
dition, a rougi ses saintes lois ; mais la
main féroce des factions dressa l'échafaud
où mourut un Roi !... Doux et malheureux Agis, tu péris pour avoir été généreux jusqu'à l'imprudence et patient jusqu'à la faiblesse !... Quand le crime
débordé essaie de submerger le trône,
c'est un sceptre d'airain qu'il faut opposer à ses flots.

Dieu ! quel souvenir réveillent ces
images ! Quels sentimens agitent les
bruits dont mon oreille est frappée ! Ce
fut hier, je crois, que des factieux jurè-
rent, la main dans le sang, qu'un monarque mourrait ! Cette nuit, tandis
qu'il dormait du sommeil du juste, n'ont-
ils pas, comme des assassins furtifs,

élevé son échafaud? N'est-ce pas aujourd'hui qu'il y monte? n'est-ce pas ce matin qu'ils le tuent?... C'est aujourd'hui qu'il monte à la gloire, c'est ce matin qu'il s'asseoit dans l'immortalité.

Ce peuple, silencieux par momens, bruyant par intervalles; ces groupes, que l'avide curiosité assemble, que l'épouvante irréfléchie disperse; cette longue file de spectateurs, que la terreur, plus que le froid, tient immobile; cette forêt de piques, teintes encore du sang de septembre; ces lourds chariots, ces tubes de bronze, près desquels brûle un feu sinistre; ces chevaux, dont la tête est baissée et la crinière pendante; ces baïonnettes, qui jettent de pâles éclairs : vous nommiez ce bizarre appareil les lugubres apprêts d'un régicide attentat? Le ciel même, déroulant sur Paris contristé un pavillon de frimas, semble tendre de deuil cette scène de meurtre, et les sons égarés de quelque cloche lointaine soupirer le glas de cette royale agonie.

Hommes de peu de foi, désabusez-vous!
Au sein de cette phalange qui menace et
tremble, s'avance avec lenteur ce qu'elle
croit, ce que vous appelez un char funèbre, et ce que la religion a fait un char
de triomphe. Le Roi tranquille lève sur
ses bourreaux agités un regard majestueux; un prêtre offre à Dieu les parfums de ce grand holocauste; et tandis
que des yeux de quelques femmes pâlissantes, de quelques vieillards reconnaissans, de quelques enfans éperdus, s'é-
chappent de furtives larmes, le ciel
s'ouvre, et verse sur le front du martyr
un rayon de victoire.

Parmi la confusion de cette foule
émue, il arrive sur la place indiquée
pour le sacrifice. Là, sur la rive, naguères
fleurie, de la Seine aujourd'hui tumul-
tueuse; non loin de ces portiques, où
la sainteté des lois se fortifiait de la majesté du prince; là s'élève un échafaud.
Les factions en fureur l'ont dressé aux
pieds d'une divinité sauvage, à qui elles

promirent du sang, et qu'elles assouvi-
ront, en se massacrant elles-mêmes. Un
Roi va illustrer leurs pompes meurtrières,
en commençant ces solennités de l'assassinat.

Un grand ordre s'établit parmi ces co-
hortes anarchiques. "Au roulement prolongé des tambours, elles décrivent autour de la place une vaste enceinte, que
protégent mille coursiers, que garan-
tissent cent canons menaçans, et toute
hérissée de dards. Au centre, exhaussée
sur des ais ensanglantés, brille la hache
factieuse qui a soif de sang. Tu boiras
celui de Robespierre et de Malesherbes,
le sang dépravé de la débauche et celui
de la chaste vestale, le sang du plébéien
obscur et celui de l'homme célèbre ! Tu
te lèves contre l'opulence, contre l'illustration, contre la gloire, contre le génie,
contre la vertu ! Enivre-toi maintenant :
tu vas frapper un Roi.

Louis monte à l'échafaud, et l'échafaud devient un autel. A l'aspect du Roi

vêtu d'une robe d'innocence, tous les yeux se baissent, tous les cœurs se serrent, tous les fronts pâlissent, les armes échappent à toutes les mains. On se tait de douleur et de honte; un calme affreux plane sur cette coupable assemblée. Il parle, cet homme juste condamné par l'iniquité; et sa voix, forte comme celle de la vertu, retentit dans toutes les âmes, comme la voix du remords. *Je suis innocent*, s'écrie-t-il, *je meurs innocent!....* Un bruit horrible, des clameurs sanguinaires ont rompu ces accens augustes; les bourreaux chancelans saisissent la victime, et leur fer a tranché cette tête sacrée..... Mugissez, instrumens du carnage! Glaives, qui attestâtes la fidélité, entre-choquez-vous pour attester le parjure! Et vous, que la France rejette et abhorre, conspirateurs farouches, hurlez l'hymne des cannibales : vous avez les pieds dans le sang d'un Roi!

DEUXIÈME NOCTURNE.

CEPENDANT le soleil s'est voilé d'un crêpe sanglant ; et tandis que la terre, ébranlée par la chute d'une tête royale, chancelle sur son axe qui fléchit, l'âme du martyr, affranchie par un glorieux supplice, s'élève lentement au séjour de l'éternelle félicité. Sous la forme aimable d'un fantôme resplendissant, elle se sent pénétrée d'une flamme éthérée, source intarissable de jeunesse, de forces, d'agilité, de contentement. L'auréole des saints, la palme des martyrs la décorent, et des anges précurseurs parfument de fleurs immortelles sa route lumineuse. Guidé par un noble chérubin, qui lui sourit, c'est ainsi que Louis, après avoir traversé d'innombrables cieux, voit s'ouvrir le sanctuaire où l'Éternel réside.

Là, dans un centre profond, parmi des nuages embrasés, repose un trône mystérieux, d'où jaillissent sans cesse des éclairs éblouissans, des foudres étincelantes. La clarté qui en découle, quoique incomparablement plus vive que celle de notre soleil, quand il dissout par des torrens de flammes les sables du Zaara, s'insinue mollement dans des yeux accoutumés à s'en pénétrer. Avec la brillante transparence qu'elle donne aux substances glorieuses qu'elle nourrit, se communiquent cette intelligence divine par laquelle on connaît tout, et cette bonté céleste par laquelle on aime tout ; et c'est dans cet accord parfait des deux facultés de notre nature, que le juge souverain de leur usage en a placé la récompense. Autour du trône, développées selon la plus imposante hiérarchie, flamboient toutes les substances angéliques que l'amour alimente et consume. A des distances graduées, vivent dans une extase ineffable, des créatures sanctifiées qui aiment, qui contemplent et qui jouissent de l'univers, d'elles-mêmes et de Dieu.

A l'apparition de l'ange conducteur de Louis, il se fait, dans le mystique empyrée, un mouvement qu'une bouche profane ne saurait décrire, mais qui sera senti par toutes les âmes pieuses. Le prince est revêtu de la blanche tunique des saints, sur laquelle brille la pourpre des rois martyrs, la même dont un supplice semblable décora l'infortuné Stuart. A l'aspect de ce rare insigne, tout semble changer dans le séjour bienheureux : les harpes d'or des séraphins ont ralenti leur mélodie; je ne sais quelle noble compassion altère la sérénité de ces fronts glorieux; la flamme pâlit sur celui des anges; on croirait qu'un voile d'azur adoucit dans son diaphane réseau les rayons de l'éternelle splendeur; et du trône, qu'enveloppent de leurs ailes les chérubins frémissans, ne sortent plus que de muets éclairs, qui redoublent la terreur de ce silence religieux.

D'un visage tranquille, et le sourire sur les lèvres, Louis se présente, une main pressant sur son cœur un rameau verdoyant, et l'autre dans la main de l'ange qui l'introduit. Trois monarques de sa race offrent à ses regards attendris ceux qu'il prit pour modèles : l'auguste père des Bourbons bénit en lui la piété et la justice ; Louis xii le remercie d'avoir tout fait pour le peuple ; et le bon Henri le serre dans ses bras, parce que, comme lui, son fils soulagea le pauvre et eut pitié des malheureux.

C'est avec ce noble cortége que Louis s'avance dans la céleste cour. Au moment où il paraît en face du trône, un grand calme s'établit. De suaves odeurs s'exhalent, et la lumière amoindrie se fond dans les teintes les plus douces.

Le chérubin se prosterne, et présente Bourbon :

« C'est mon digne fils, dit son saint

» aïeul, il chérit la religion, respecta
» les mœurs et fit aimer les lois.

» Il fut le père du peuple, continue
» Louis XII, et il gouverna par l'amour.

» Il reconnut les droits des Français
» et les leur rendit, ajoute Henri IV.

» Et les Français, dit l'ange, le nom-
» merent *le Pieux, le Bienfaisant, le*
» *Restaurateur de la liberté.*

» Cependant, reprend le neuvième
» Louis, il poussa la bonté jusqu'à la
» faiblesse.

» En voulant ménager le sang des
» bons, il épargna celui des méchans,
» dit en soupirant Louis XII.

» L'impunité politique engendre les
» factions, prononce d'un accent ferme
» Henri-le-Grand.

» Les factions ont immolé Louis XVI,
» reprend le chérubin avec un sanglot.»

Le centre reculé du trône flamboie
ardemment. Tout devient silencieux,
immobile.

Une voix se fait entendre :

« Le sang du martyr a effacé les er-
» reurs de l'homme. Je reçois la victime
» de propitiation. Son diadème est dé-
» chiré sur la terre; qu'il soit glorifié
» dans le ciel ! »

Dieu dit ; et mille tonnerres fulminés
du trône proclament cet oracle. Des torrens de lumière , une rosée de parfums ,
inondent l'empyrée. Les vastes cieux
roulent plus rapidement sur leurs pôles ;
et la sainte allégresse des bienheureux
retentit de sphère en sphère , jusqu'aux
vagues limites du néant. Donnez, pro-
diguez des couronnes, chœur virginal
des anges ! Tressez des guirlandes immortelles , pieuse famille des saintes et
des saints ! Jonchez de fleurs odorantes ,
embaumez de divines essences le céleste
pourpris! Qu'aux accords des harpes
harmonieuses et des cithares, mères de
la mélodie, deux glorieuses reines de
France, Blanche et Clotilde , déposent

sur la tête rayonnante du Roi martyr un
diadème de lis! Voilà l'impérissable
couronne qu'il doit aux sacrilèges qui
éteignirent dans la boue de leurs sédi-
tions sa couronne fugitive.

TROISIÈME NOCTURNE.

Louis vient d'échanger l'excès du malheur contre l'excès de la félicité. Durant quatre années, des démons, sous une forme humaine, avaient distillé sur lui goutte à goutte toutes les douleurs de l'enfer; et depuis deux saisons, des enfans révoltés abreuvaient d'une coupe parricide ses lèvres paternelles. C'en est fait, il en épuisa la lie sanglante; cet amer calice s'est enfin brisé sous la hache des bourreaux, et Dieu le remplace par un intarissable torrent d'ineffables délices. Cette âme royale savoure la gloire des martyrs et la quiétude des saints.

Ses regards, toutefois abaissés encore sur la terre, s'arrêtent avec complaisance sur cette France ingrate et chérie, où le cœur d'un époux, d'un père, d'un frère, d'un roi, laissa tant de souvenirs et d'af-

fections. Quelle est cette foule tumul-
tueuse qu'entraîne sur ses pas ambitieux
un démon aux pieds d'airain, qui dé-
vaste, qui couvre de ruines les espaces
qu'il parcourt; dont la dévorante haleine
tarit les fleuves et dessèche les moissons;
et qui, d'un bras implacable, lance et
disperse au loin l'incendie et la mort?
Sont-ils Français, ces groupes de furieux
qu'un démagogue plus insensé encore
enivre de son licencieux délire? Sont-ils
des citoyens, ces hideux ramas de la plèbe
brutale qui lavent dans le sang leurs bras
ensanglantés? Et ces bandes impies, dont
le sacrilége effronté peut bien souiller
les autels, que leurs mains toutefois ne
renverseront point; ces bandes sont-elles
formées d'hommes que la religion civi-
lisa, ou de sauvages que la civilisation
redescendit à l'athéisme et à la barbarie?
Voilà, voilà les crimes qui, comme un
noir déluge, vont fondre sur la France.
Semblable à une effroyable trombe qui,
du profond abîme des mers, élève jus-

qu'à l'immense coupole des cieux son siphon gigantesque, la Vingt-Unième journée de janvier renferme et nous promet tous les maux qui suivent l'assassinat d'un Roi. Ce sont ces maux futurs que Louis distingue dès à présent ; il les voit, il en ressent la douloureuse atteinte, et il pleure. Obscurcis de ces larmes paternelles, ses yeux se portent sur l'enceinte ténébreuse et sacrée où languit sa famille. Là aussi coulent des pleurs. Sous ces gothiques arceaux, que le temps a noircis, souffre en silence une grande Reine, qui oppose aux attentats de la tyrannie le sang des Césars, insultés dans son auguste personne. A ses côtés une vierge royale, sans inquiétude sur son propre sort, n'est attentive qu'à adoucir celui de la Reine; tandis que sur le sein de cette mère déplorable, croissent pour l'infortune deux tendres enfans, dont le berceau fut de pourpre, et auxquels les bourreaux de leurs parens préparent un ignominieux cercueil.

Quand l'Éternel, revêtant d'immortalité les âmes glorifiées des saints, les dota de la vision prophétique, il ne leur permit de l'exercer que sur les créatures confiées à leur tutelle. Mais cette prescience qui, dans le destin des personnes royales, lit le destin des peuples, Dieu se la réserve à lui-même; et c'est ainsi, qu'instrumens protecteurs ou oppressifs de sa puissance, tous les sceptres se meuvent par sa volonté, et que tous les trônes périssables de la terre relèvent du seul trône que les espaces n'ont pas vu commencer, que le temps ne verra point finir. C'est donc vainement que Louis, dans ses tendres inquiétudes pour sa famille, voudrait en pénétrer le sort : ses yeux, couverts d'un voile qui lui en dissimule les circonstances, ne lui en montrent que le glorieux résultat. Dans une illusion, qui rend l'avenir présent, il voit la Reine, il voit son auguste sœur, toutes rayonnantes d'une splendeur bienheureuse. Par quel chemin toutefois, du creux des gouffres où les enchaîna la tyrannie, se sont-elles, comme des colombes échappées aux serres du vautour, envolées au séjour de la félicité? Voilà ce que le nouveau martyr ne pressent pas, quoique son cœur le craigne. Dieu ne lui montre de ces voies sanglantes que ce qui doit le rassurer. Ainsi se développe à ses regards charmés toute la noble vie de sa fille bien-aimée. Tantôt gémissante au sein des noirs cachots, tantôt accueillie par une royale hospitalité; ici, cachant dans les déserts de l'exil les malheurs de sa jeunesse et la piété de son cœur filial; là, déployant près du trône les vertus héréditaires qui le font aimer; tour à tour généreuse dans les succès, résignée dans les revers; pudique ainsi qu'une vestale sacrée, et fière comme un héros; partout indulgente pour l'erreur, pitoyable à l'infortune, et ne voyant dans les pompes de l'opulence royale que le trésor des malheureux.

La destinée du fils de Louis se manifeste moins clairement : lorsqu'à l'aspect
du royal orphelin les entrailles de son
père sont émues, la lumière se trouble
dans son intelligence et le voile s'épaissit sur ses yeux. A travers des brouillards
dont les formes fantastiques se teignent
d'étranges couleurs, le jeune Roi paraît
entouré de fantômes menaçans, qu'écarte
par intervalles, mais sans pouvoir les
vaincre, un génie inconnu. D'innombrables figures s'assemblent autour de
lui, roulent en tourbillons et disparais-
sent. Cependant le prince sourit à l'ange
qui lui ouvre son sein; et ces deux nobles ombres réunies semblent se fondre
et s'évanouir. La suave vapeur de l'am-
broisie, et je ne sais quels accords aériens
remplissent l'air de mélodie et de parfums.

Cette vision satisfera-t-elle le cœur de
Louis? Non; quand il s'agit d'un fils,
celui de son père voudrait que l'avenir,
qu'il rapproche par la crainte, lui appa-

rût avec la limpidité du présent. Louis
vient d'épuiser toutes les angoisses de la
royauté : il tremble que cette couronne,
dont il ensanglanta les épines, ne ceigne
douloureusement le front de son enfant.
« O Dieu ! s'écrie-t-il ; éloigne de ses lè-
» vres timides ce breuvage empoisonné !
» Si tout mon sang, versé pour le peu-
» ple, me fit trouver grâce devant toi,
» daigne en étendre aussi le prix à mon
» fils : qu'il ne règne point!.... »

Il dit, et le silence qui s'établit autour
du sanctuaire, annonce l'oracle qu'il va
rendre. « Mortel, fulmine la voix, ne
» tente point de saisir les secrets de
» l'Immortel ! Si j'ai promis au Roi dont
» la piété sanctifia l'empire des lis, que
» leur tige, quelquefois fléchissante aux
» souffles des tempêtes, ne périrait point,
» puis-je être infidèle dans mes promes-
» ses ? Vois cette fleur royale, belle du
» sang d'un martyr, briller aux mains de
» ton fils : celui qui porte ce sceptre pas-
» toral, n'est-il pas roi ? » — La voix

cesse de se faire entendre, et des chœurs angéliques élèvent au plus haut des cieux les louanges de l'Être adorable d'où elle émane. Louis satisfait marche entouré des monarques ses aïeux ; et Stuart le conduit au lieu où siégent les rois martyrs.

QUATRIEME NOCTURNE.

Non, ce n'est point d'une insensible argile que Dieu forma le cœur de l'homme. Après l'avoir composé d'élémens purs et subtils, il l'anima de son propre souffle, l'échauffa d'un feu céleste, l'illumina d'un rayon émané de son sein. Ainsi suspendu dans celui de la créature, son cœur, centre mystérieux d'un mécanisme divin, est aussi le puissant mobile de ses mouvemens, comme il est l'objet délicat de ses affections. Toutes, dans un entraînement invincible, se réunissent pour aimer, pour désirer, pour chercher la vérité. C'est d'elle en effet, c'est de la vérité qu'elles émanent : elles y aspirent comme à leur nature; et c'est par elle, qu'à la dissolution de leurs grossiers liens, elles remontent à leur inef-

fable source. Cette source, c'est Dieu; car
Dieu est la vérité.

Mais la vérité et la justice sont insé-
parables dans Dieu. La vérité lui fait
tout connaître; la justice lui fait tout
apprécier : unies, elles produisent sa volonté, et c'est alors qu'éclate sa puissance. Qu'une créature intelligente et
sensible rende aux laboratoires de la nature la moitié de ses élémens, l'autre
portion retourne à son essence, et va recevoir d'elle sa destination dernière.
Jointe à une terrestre argile, si l'âme,
au lieu de la faire concourir au perfec-
tionnement de l'humanité, la poussa
vers sa dégradation, ou l'en écarta par
une tiède indifférence, le juge suprême
refuse à cette âme coupable la manifes-
tation de sa nature et la révélation de
l'univers. A l'instant s'allume dans toutes
ses facultés la soif de cette vérité qu'elle
dédaigna ou qu'elle trahit; et cette passion, d'autant plus ardente que l'âme fut
plus criminelle, réalise pour elle tous les

tourmens que l'imagination prête à l'enfer. Dans l'éternelle inquiétude de cette fièvre sans intermittence, elle éprouve tour à tour les amertumes du regret, les tenaillemens du remords, les angoisses d'un repentir inutile, la terreur avec toutes ses anxiétés, l'illusoire espérance avec ses fausses joies, plus cruelles que le désespoir. Une sorte de délire, qui laisse à la raison toute sa force, et n'égare que ses lumières, pénètre la substance de cette âme déplorable ; et par l'épouvantable illusion des supplices, il transporte en elle toutes les réalités de la douleur. Alors, aux rives indéterminées du vaste abîme qu'elle est condamnée à parcourir graduellement dans tous ses gouffres, lui apparaissent des fantômes énormes, dont nulle description n'exprimerait la forme, dont aucune langue ne définirait les étranges fonctions. A chaque vision, arrivent le souvenir d'un crime et le sentiment d'une torture. Des torches vivantes brûlent l'incendiaire ; la main vengeresse du père égorgé par son fils abreuve d'un sang corrosif les entrailles du parricide ; une couronne de dards embrasés perce et consume le front du régicide détestable. Et tandis que des risées diaboliques insultent l'orgueilleux qu'elles humilient, la solitude extérieure, l'isolement de la conscience, livrent à un abandon sans fin l'ingrat qui abandonna ses bienfaiteurs ; et, dépouillée des vertus qu'il feignit, la hideuse nudité de l'hypocrite est mise en spectacle à tout l'enfer.

Tout l'enfer ! ses supplices partagés entre tous les démons sont par eux répartis à tous les damnés ; mais divisés et gradués selon leurs forfaits, ils se réunissent, fortifiés l'un par l'autre, sur la tête scélérate et dans le cœur pervers du chef de ces malheureux. Nulle créature n'était sortie meilleure et plus belle des mains du Créateur ; et dans l'ordre mystérieux des prédestinés il semblait te-

nir le premier rang. Toutefois tant d'a-
vantages, en le rapprochant de Dieu, le
convainquirent qu'il était Dieu lui-même;
et, dans le délire de son orgueil, il s'eni-
vra de sa propre apothéose. Bientôt un
trône s'éleva dans la cité céleste, rival du
trône de l'Éternel. L'usurpateur eut des
sujets, ou plutôt des esclaves : il crut régner. Mais celui qui régnait avant les
temps, et qui régnera au-delà des siècles, fit un geste, et l'usurpateur, cica-
trisé par la foudre, alla rugir dans un
gouffre. De ce creux brûlant et empesté,
où l'enchaînent mille nœuds de diamans
rivés au centre de l'univers, il règne en
effet sur la création, quand il plaît à
Dieu d'éprouver la création par le mal.
De même que toutes les pensées lumineuses, que toutes les affections tendres,
émanées du ciel, descendent vers nous
sur les ailes des chérubins ; de même,
montent sur la terre, conçus par l'infernal monarque et soufflés par ses noirs
complices, toutes les rêveries désordon-

nées, toutes les méditations malveil-
lantes, tous les projets criminels. Ce sont
eux, ce sont ces princes du mal, qui allument au faible cœur de l'homme ces
passions fatales qui le poussent au malheur, en le leurrant de la félicité. Idole
mensongère du bonheur, c'est à ta voix
de sirène que s'embrasent les flambeaux
de l'incendiaire, que le meurtrier acère
ses poignards, et que la coupe nuptiale
écume des venins distillés par l'adultère!

Satan pousse un cri terrible, que les
lugubres échos de l'enfer reproduisent,
en le multipliant. Doué jadis d'une pe-
nétration dont la puissance lui révélait
les mystères de la nature et les secrets de
la pensée, cet esprit n'a conservé de cette
faculté presque divine, qu'une sorte de
subtilité présomptueuse, fille d'une fausse
finesse, et mère des conjectures hasar-
dées. Au lieu de cette pensée rapide et
lumineuse comme l'éclair, qui perçait
de traits de feu, qui illuminait d'une
clarté vive et durable les replis les plus

tortueux des plus sombres profondeurs,
ce ne sont que des lueurs décolorées dont
la mobilité vacille sur des superficies.
Dans l'oracle rendu par l'arbitre des destins, Satan, sans en démêler les moyens
secrets, n'est frappé que de son terme
ultérieur. *Celui qui porte ce sceptre pastoral, n'est-il pas roi?* a répondu l'Éternel. L'orphelin auguste régnera donc?
Eh bien! qu'il règne, mais qu'il souffre!

A l'épouvantable clameur de l'infernal
souverain, tout l'abîme a tressailli, et
du fond de ses antres ténébreux s'élan-
cent vers leur maître d'affreux escadrons
de noirs esprits embrasés par le crime,
et tout flamboyans de son horrible clarté. Mais un regard de Satan a refoulé
dans leurs brûlantes cavernes ces bandes
tumultueuses. Le seul démon de la tyrannie reste en sa présence : debout, et
immobile devant un despote plus puissant, mais peut-être moins méchant que
lui, il attend dans un impatient silence
des ordres qu'il frémit de recevoir, qu'il

se réjouit d'exécuter. Sa poitrine d'airain gronde comme une fournaise ardente, et les muscles de sa face simulent tour à tour la bassesse de Cléon, la souplesse de Denys, l'inflexible stupidité de Domitien, les dissolutions d'Héliogabale, les noires perfidies de Tibère, l'extravagante cruauté de Caligula, les détestables scélératesses de Néron. Tous les forfaits sont dans le cœur et se peignent sur la physionomie de ce diabolique génie, que l'enfer, qu'il fait trembler, révère sous le nom de Vultur.

« C'est vainement, lui dit Satan avec un sanglot lugubre, c'est vainement que Louis vient de tomber sous tes coups. De cette race royale que je hais, car elle aime Dieu, tu laisses croître dans l'ombre et dans les larmes deux rejetons dont l'existence m'importune : qu'attends-tu donc pour les noyer dans leur sang ? L'un, a prononcé notre impitoyable despote ; l'un, remplaçant sur son trône brisé un père que ton poignard y égorgea, doit perpétuer l'odieuse succession de ce Louis qu'ils appellent Saint, et dont la postérité commande à l'Italie, à l'Espagne, à la France. Le souffrirons-nous? Souffriras-tu que cette France, enivrée par tes mains de tous les filtres de la licence, perde, sous un sceptre pacificateur, cette fièvre heureuse des innovations, ce délire passionné, dont l'effet prolongé transporterait sur la terre l'enfer qui les inspira? Si, tout froissés des chocs de ces secousses régicides, les Bourbons doivent reparaître encore ; si, pour obéir au destin, le jeune Louis doit régner, que son front soit meurtri sous un diadème de ronces, et que l'empire de celui que ses adorateurs appellent un ange, soit marqué par toutes les fureurs des démons ! Va, Vultur, cours souffler sur la France, et que notre puissance précède du moins et balance encore celle de Dieu ! »

A cet ordre, qui chatouille la dureté de son cœur, l'ange infernal des tyrans, sous la

forme d'une pyramide foudroyante, perce la ténébreuse immensité de l'abîme;
et franchissant d'un seul bond l'espace
qui le sépare de la terre, il touche et reconnaît sur cette planète les rives ensanglantées où ses farouches partisans répan-
dent la désolation et prodiguent la mort.
Là, au centre de cette capitale des nations, dont la houlette de Geneviève
protégea la magnificence et garantit la
durée; dans un palais ennobli des rois
et illustré par tant de prodiges, conspire
un ramas de factieux, qui souillent de
leurs accens féroces les portiques souverains, dont leur usurpation chassa
les antiques possesseurs. Au milieu de
ces séditieux, qui se croient grands parce
qu'ils sont révoltés, et forts parce qu'ils
sont furieux, déjà le turbulent démon
qui les agite a, du trône paternel qu'ils
ont brisé pour se le partager, élevé le
trône oppresseur d'une sanglante anarchie. C'est de là, c'est de cette tribune
factieuse que, tonnant sur la tête des

rois, il appelle les peuples à la rébellion :
dans les pouvoirs du sceptre, dans les
droits de l'encensoir, il leur montre une
proie que déjà sa propre ambition dévore ; et c'est en élevant au milieu d'eux
l'étendard d'une liberté forcenée, qu'il
chargea des durs liens de l'esclavage leurs
mains trop dociles.

Vultur darde sur cet anarchique sénat
des regards inquiets : il y reconnaît ses
adorateurs, il n'y voit pas ses plus fidèles
agens. C'est qu'écartés de ce séjour où
s'allument les tempêtes, ils en com-
binent les élémens dans un repaire plus
mystérieux. Moins nombreux, ils sont
moins livrés aux bourrasques, et les passions, qu'une sorte de retraite concentre
dans leurs âmes, y prennent la marche
méthodique du calcul et le froid langage
de la raison. Ils mettent le pillage en dé-
libération, régularisent l'anarchie, et
commandent le meurtre avec ordre et
simplicité.

Tel n'est point encore cependant le

favori du démon de la tyrannie. Plus méchant, quoique moins adroit que ses complices, dès long-temps il a cessé de compter parmi eux des rivaux; il n'y voit que des flatteurs et des esclaves. Son langage est austère, son front livide, et son cœur envieux. L'inflexible opiniâtreté semble avoir endurci les fibres de son étroit cerveau; et son sein, que n'échauffa jamais la douce flamme de l'amour, tressaille d'aise, quand le râlement des victimes a caressé son oreille.

Au souffle embrasé qu'il aspire, Robespierre reconnaît l'esprit ténébreux. Soudain, entre deux êtres d'inclinations si semblables, quoique de nature si différente, il se fait un échange mutuel de désirs, une confusion de sentimens, une réunion de projets et d'efforts. Le démon n'a point parlé, le tyran n'a point répondu : chacun néanmoins entend l'autre, et tous deux se comprennent. Si Vultur, fléchissant sous la main suprême, se voit contraint de respecter les jours du jeune Louis, Robespierre du moins s'engage à les tourmenter. Il démêle, dans ce calcul infernal, d'atroces jouissances et sa propre sécurité. Qu'avec une volupté cruelle, il boira dans la coupe sanglante de la tyrannie les larmes de cet auguste enfant! Et pourtant dans sa longue agonie, des mains perfidement généreuses conserveront l'existence du Roi. Vous ne murmurerez point, fiers ennemis des princes! Vos défiances comprimées n'oseraient éclater en farouches soupçons. Et vous, monarques outragés par un sénat régicide, si jamais l'heure de la justice sonne, celle de la vengeance ne précédera-t-elle point le retour de l'ordre, puisque le gage de tous trois est religieusement gardé?

C'est ainsi que par des sophismes impies, la sagesse de Robespierre et l'abuse et l'égare. Vultur, qui lui inspire des illusions qu'il ne partage point, en communique aussi à des sicaires subalternes l'ardeur fallacieuse. L'effort puéril d'une combinaison sans audace leur semble le prodige de l'habileté. La ruse des politiques s'en applaudit, et la conscience des faibles s'en rassure.

CINQUIÈME NOCTURNE.

Entre l'homme qui souffre et meurt sur la terre , et le Dieu qui vit et règne dans les cieux, la prévoyance céleste plaça des êtres intelligens et bons, que la sainteté de leur nature fit habitans du ciel , que la pitié de leurs âmes rendit protecteurs de la terre : ce sont les anges, créatures sublimes et tendres qui n'existent que pour adorer et pour aimer. Déployant autour du sanctuaire la plus imposante hiérarchie , ils éprouvent l'ineffable extase d'une béatitude sans mesure et sans terme. Mais pressés d'épancher les délices de cette coupe enivrante, c'est sur les sphères confiées à leurs soins, c'est dans le cœur , trop souvent flétri , des hôtes malheureux qui y voyagent, que la main des anges verse quelques gouttes de ce nectar ravissant. Tout change alors pour l'homme : la consolation s'insinue dans des âmes que ravageait le désespoir; des pleurs de volupté adoucissent l'amertume des larmes arrachées par la douleur ; et celui qui naguère implorait le néant , reconnaît sa nature et aspire l'immortalité.

Parmi ces bienheureux esprits qui portent au ciel les vœux de la terre, qui rapportent à la terre les bénédictions du ciel, il est un ordre d'intelligences, moins élevées peut-être dans les chœurs angéliques, mais dont la tendresse prévoyante convient si bien à la faiblesse de l'homme et à ses besoins. Douces et charmantes créations, que Dieu embrasa du souffle de son amour, et que sa bonté lia, par des nœuds de fleurs, à nos fragiles destinées. A peine échappée à la volonté de son auteur, une âme a-t-elle donné aux formes humaines le mouvement et l'existence, que, près de cette créature nouvelle, soupire de joie et palpite d'amour, l'ange qui doit la conduire

dans le chemin de la vie. Le voyez-vous,
penché sur son berceau, caresser d'un
souffle embaumé la tête blonde de l'innocent; calmer par un sourire ses premières douleurs, et les endormir sur un
lit de roses moissonnées dans le ciel?
Bientôt l'enfant grandit; et l'ange, qui
sent redoubler sa tendresse, redouble
aussi ses soins. Marche dans la vie, adolescent aimable! Un frère, adolescent
comme toi, va guider tes premiers pas.
Ose lever sur lui tes yeux timides! Ad-
mire la douce complaisance de son
front virginal! et, livrant ta main tremblante à sa main assurée, puise dans la
chaste ardeur de ses baisers fraternels la
force nécessaire au voyage. Que de biens
pour toi, que de bonheur pour lui, si
chacun de tes pas faisait naître une vertu!
Mais quelle angoisse pour son cœur, si le
vice déshonorait ta carrière!... Non,
jeune homme, tu ne couvriras point
d'une rougeur pénible les joues pudiques
de ton ange! Homme, tes crimes ne le

forceront point à jeter à l'esprit des ténèbres ton cœur souillé!... Appuyé sur
son sein, garanti par ses ailes, avance
dans cette route qui semblait s'élargir à
tes premières aurores, mais qui devient
étroite et escarpée à ton dernier déclin.
L'ange qui berça ta jeune couche, entr'ouvre silencieusement la tombe où tu
vas dormir. Dormir ! Non : la mort, qui
dénoue ces liens de chair et les rend aux
élémens, n'est qu'un passage à l'immortalité. Montez au ciel, âme chrétienne,
portée sur les bras de votre angélique
gardien; et, prosternée avec lui aux pieds
de l'Éternel, attendez avec terreur, avec
espoir, son jugement et votre sort.

C'est donc vous que j'invoque, ange
protecteur du jeune Louis! Vous seul,
descendu aux ténébreux abîmes que lui
creusa la tyrannie, avez compté ses soupirs et recueilli ses larmes; vous seul,
avec les crimes des bourreaux, avez
connu les malheurs de la victime. Ra-
contez à la France, redevenue libre, la

honte de la France asservie. Mais , en
révélant les attentats des méchans, n'oubliez pas que les bons les ont pleurés ,
et que les forts essaient aujourd'hui de les
réparer.

L'orage du dix août, formé de toutes
les passions remuées, avait éclaté sur le
trône. Brisé par la foudre, ce trône, ouvrage de quinze siècles, renversé en un
jour, couvrait la France de ses vénéra-
bles débris. Tel que le monstre mystérieux décrit dans les livres saints , la dif-
forme anarchie, asseyant parmi çes ruines
fumantes son horrible majesté , dressait
à la fois cent têtes couronnées de ser-
pens , étendait sur la patrie mille bras
armés de poignards. Au-dessus d'elle pla-
nait un vaste et lugubre nuage , grossi
des vapeurs sanglantes que septembre
exhala. La nation immobile gardait le
silence de la terreur ; l'Europe indignée
comprimait son inquiétude, et ne montrait que son attente ; à la douleur calme
des victimes, les bourreaux répondaient

par des rugissemens de cannibales. Ces cannibales, les lèvres rougies du sang d'un roi, avaient entonné sur son cadavre fumant l'hymne de l'échafaud. Ils le hurlèrent, quand ils fléchirent sous la hache régicide le bandeau des Césars, qu'ils ne purent humilier ; mais ils se taisaient, lorsqu'une vierge royale reçut, dans un glorieux martyre, le prix de toutes les vertus.

Deux enfans survivaient à cette famille proscrite. Proscrits eux-mêmes, ils semblaient moins les héritiers de toutes les gloires, que les légataires de toutes les infortunes. Le printemps de la vie, cette riante saison, où, comme des fleurs caressées par de douces haleines, s'épanouissent toutes les espérances, était pour eux la saison des tempêtes. Sous les arches funèbres où les ensevelissaient les tyrans, elles grondaient ces tempêtes régicides, elles épouvantaient leur timidité, elles menaçaient leurs jours à peine commencés. Ni les souvenirs d'une ori-

gine illustre, ni les grâces mélancoliques
d'une enfance malheureuse, ne pouvaient
attendrir des cœurs affamés des souffrances d'un roi. Quel triomphe pour leur
orgueil sauvage, lorsqu'ils courbaient
sous leurs pieds ces têtes ennoblies par le
diadème ! Dans les raffinemens de leurs
jouissances cruelles, avec quelle volupté
ils savouraient des larmes royales ! et
que de joie enivrait leurs âmes d'esclaves, depuis que sous les fers de l'esclavage ils avaient humilié les enfans de leur
souverain !

Ainsi croissaient au souffle du malheur,
et dans l'obscurité d'une prison, Marie
et Louis : Marie, dont l'œil des tyrans
admirait déjà la naissante beauté, mais
dont il ne pouvait encore pressentir le
pudique courage ; Louis, que l'univers
connut par ses longs chagrins, et qu'une
muse pieuse m'a fait mieux connaître par
ses jeunes vertus. Parlez, angélique confident de ces royales douleurs ; élevez aujourd'hui vos accens nobles et doux ! Le

cœur des nations, meurtri par l'infortune, s'ouvre enfin à la pitié, et l'oreille de la France est avide de vous entendre.

Il était né sur le trône, cet enfant qui devait mourir dans les chaînes. A la couche de pourpre qui avait bercé ses premiers ans, la main de fer de la tyrannie substitua un vil grabat. Là, quand une nourriture grossière, et long-temps attendue, avait trompé sa faim et diminué ses besoins, il sommeillait; mais que d'épines mêlées aux pavots épanchés sur ses yeux! Naguère une tante chérie, une sœur attentive, une mère idolâtre, épiaient ses mouvemens, veillaient à son repos; maintenant un dogue féroce se plaît à le troubler. Ses jours sont condamnés aux larmes, ses nuits à une fatigante insomnie, toute son existence au dédain et à l'abandon. Quelquefois cependant un sourire éclaircit ce front dont les ennuis n'ont pu ternir les charmes; une sorte de joie mystérieuse se mêle dans ses yeux à la profonde mélancolie qui les

charge, et de consolantes paroles s'échappent de cette bouche accoutumée à exhaler la douleur. Dieu ouvrirait-il pour lui
la perspective de l'avenir? et, dans la
coupe amère des proscriptions, un ange
lui ferait-il savourer l'avant-goût de la
félicité?

SIXIÈME NOCTURNE.

Tandis que la France, opprimée par un sénat de tyrans, palpitait sous leur joug, Paris, tourmenté des passions de ses factieux magistrats, en devenait tour à tour ou victime ou complice. Du sein de cette commune, vivante image d'un conseil de démons, était sorti, plein d'une méchanceté grossière, l'ignoble démagogue qui devait instruire et gouverner le roi. Nobles ombres de l'austère Montausier, du tendre Fénélon, combien frémîtes-vous, en voyant livré à de telles mains le descendant auguste et malheureux des princes que vous aviez élevés aux vertus ! Vous prévîtes dès lors que, par le sentier épineux des souffrances, elles le conduiraient dans une dégradation criminellement calculée, et qu'ivre

de malheurs, l'héritier de tant de chefs
glorieux ne commanderait jamais à la
France, puisqu'il ne pourrait comman-
der à lui-même.

L'histoire, qui recueillit le nom de
Ravaillac, a déjà buriné celui de Simon;
et la muse pieuse qui dicte ces mélancoliques souvenirs, est condamnée à répéter le nom du sacrilége. Né dans le dernier rang des derniers citoyens, il ne
savait adoucir d'aucun voile la perni-
cieuse malice de son âme, l'âpre rudesse
de son humeur sauvage. Méchant par
instinct, il se montrait grossier par orgueil; et parce qu'on lui avait dit que
Brutus chassa les tyrans, il tourmentait
le fils innocent d'un bon roi, pour être
appelé Brutus. Une femme liée à lui par
des nœuds que la vertu devrait rendre sacrés, les déshonorait par des vices plus
coupables peut-être que ceux de son indigne époux. Du moins celui-ci conser-
vait-il, dans ses horribles écarts, je ne
sais quelle franchise fougueuse qui aver-

tissait de leurs excès ; mais qui peut ga-
rantir de la perversité , quand elle revêt
le masque attrayant de la bienfaisance ?
Tel était le caractère de cette femme,
méditant le mal et sachant feindre la
bonté, parlant un langage doux avec un
cœur plein de fiel, et capable d'arroser
de larmes hypocrites la blessure que sa
main aurait faite.

Également pervers, mais d'une manière différente, jusqu'alors ces indignes
époux ont vu la sombre défiance, la
haine ardente, la discorde furieuse hé-
risser d'épines cruelles la couche de
leur hyménée; quelquefois même la
colère ensanglanta l'oreiller nuptial, hu-
mide encore des larmes de la volupté.
Mais le vice qui séparait les méchans
aide à les réunir, quand le vice se change
en crime; et d'ennemis qu'ils étaient,
les voilà complices et prêts à le commettre. Tels se montrent les deux Simon,
d'accord dans leur rage haineuse, différens dans les moyens de l'exercer.

Une émulation criminelle s'allume dans leurs âmes ; je ne sais quelle ingénieuse perversité dresse vers le mal tous les ressorts de leur esprit : ils vont en épuiser les ressources infernales contre l'orphelin qui leur est livré ; et s'ils disputent encore, c'est d'inventions malicieuses pour le rendre plus malheureux.

Ils ont fait de ses sentimens, de ses pensées, de ses goûts, une étude exacte ; et dans les savantes combinaisons de leur méthode, ils lui opposent d'interminables contrariétés. Paraît-il calme et résigné ; ils lui reprochent son indifférence : la douleur fait-elle couler ses larmes ; ils les sèchent par d'indécentes railleries. Des mets grossiers, malsains quelquefois, lui sont jetés par une main parcimonieuse ; les jeux, les mouvemens si nécessaires à la vive énergie de cet âge, ou lui sont interdits, ou lui sont prescrits par des caprices bizarres ; de rudes tissus outragent ses membres dé-

licats jadis caressés par la soie ; et c'est
dans un bouge obscur, sous l'œil sanguinaire de deux esclaves des tyrans,
que végète, que languit, que se meurt
le fils des rois, le sang des Césars mêlé
au sang de Saint-Louis, le souverain du
peuple français.

Peuple sensible, mais léger, pourrais-
tu retenir tes larmes, comprimerais-tu
ton indignation, si tu savais que c'est
au nom de ta puissance, sous le prétexte
de tes droits, en invoquant la vengeance
de tes maux, qu'on livre à de longs supplices le fils innocent de ton monarque
assassiné? Oh! qui ne pleurerait point à
l'aspect de ces tours sinistres, de ce cachot lugubre, où de farouches geôliers
prodiguent à l'orphelin royal les privations, les menaces, les souffrances et les
mépris? Le voilà, durant la nuit orageuse, dont les éclairs bleuâtres et une
lampe couleur de sang percent alternativement les ténèbres ! étendu sur un grabat misérable ! il dort paisible aux mu-

gissemens lointains de la tempête ; et la
providence, qui semble abandonner aux
bourreaux ses jours infortunés, charme
son sommeil par de doux songes : il sourit, et la sérénité de ce front angélique
semble demander de respectueux baisers. Pourquoi ne pouvez-vous le contempler, ô reine courageuse autant que
mère déplorable! Avec quel transport,
penchée vers cet enfant adoré, vous sen-
tiriez votre cœur s'élancer vers le sien!..
O puissance d'une tendre et ravissante
illusion! La reine, libre de ses indignes
fers, s'est avancée à pas suspendus : le
bras tendu, la poitrine palpitante, l'œil
étincelant d'amour, elle tremble, elle
frémit,... elle va revoir son fils. Inclinant
sur cette figure céleste sa tête majes-
tueuse, elle y attache ses yeux avides de
la contempler. Quelle joie de retrouver
son enfant! quel orgueil de révérer, dans
cet enfant, son protecteur et son roi!
L'auguste Antoinette fléchit le genou :
tandis que la révolte insulte à la puis-

sance, une souveraine se plaît à s'y soumettre. La nature toutefois, plus forte
que le devoir, la précipite dans les bras
de son fils : elle le couvre de baisers,
elle le mouille de ses larmes; et l'enfant
réveillé, et la mère enchantée, oublient
dans ce doux échange de caresses qu'il
fut des malheurs, qu'il est des méchans.
Mais Simon, l'odieux Simon le lui
rappelle. Éveille-toi! lui crie le monstre; puisse la foudre, qui éclate, écraser
le dernier rejeton des rois!.. Louis ouvre
ses yeux baignés encore des pleurs de la
joie et de la tendresse; et au lieu de la
noble image d'une mère qui le pressait
sur son sein, il voit, debout à son chevet, une ignoble et impitoyable mégère
qui gronde et le menace.

SEPTIÈME NOCTURNE.

Un tyran foulait la France ; ses esclaves remuaient Paris. Parmi leurs bandes farouches, on remarquait un homme que la nature avait créé sensible, que l'anarchie rendait sanguinaire. C'était Hébert qui, sous les traits les plus doux, et d'une voix mélodieuse, invoquait la licence et vantait la férocité. Luttant sans cesse entre un cœur généreux et des maximes empoisonnées, on l'avait vu pleurer à l'aspect du roi captif qu'il venait insulter ; et bientôt, abjurant cette courageuse faiblesse, poursuivre de cris factieux la mémoire du vénérable martyr. Maintenant, et comme pour promener jusque dans les derniers rangs l'étendard déchiré des factions, Hébert, leur parlant leur grossier langage, érigeait en système l'impolitesse, autant que

l'immoralité. L'éclat de la langue d'or
de Fénélon et de Racine s'obscurcissait
sous cette fange des révolutions ; et le
jour se levait où l'échafaud punirait l'é-
loquence, comme il récompensait la
vertu.

Vultur, qui, dans la profondeur de ce
calcul infernal, voit déjà la société dis-
soute ; le noir Vultur inspira Robespierre, quand ce démagogue choisit,
pour surveiller, pour diriger, pour exci-
ter les Simons, l'obscène et effronté Hébert. N'oubliez jamais, leur avait dit
celui-ci, qu'on vous a livré le fils d'un
roi, c'est-à-dire, un jeune tigre ; et puisqu'enfin il faut parler à ce descendant
des mangeurs d'hommes, que ce soit
l'idiome des pâtres ! Un crime utile
effraie la pusillanimité : qu'il vive donc !
Mais énervez ses sens, mais flétrissez
son cœur, mais tuez sa pensée. Ainsi pé-
rira tout espoir coupable ; et, au défaut
du poignard justifié par son nom, il ex-
pirera dans le mépris.

C'est donc à lui, c'est à Hébert, que les Simons doivent compte de leur mission meurtrière ; et c'est pour redoubler ses jouissances cruelles, qu'ils le lui rendent exagéré. A ces récits funestes des souffrances d'un innocent, le factieux, se combattant lui-même, mouille de pleurs involontaires ses régicides sourires ; et honteux de la pitié qui les tempère, il se hâte, en affectant plus de barbarie, de la faire oublier.

Un jour que l'affreux et ridicule gouverneur, aigri par la résignation de son auguste pupille, essayait de communiquer à Hébert son bizarre courroux, celui-ci, repoussant dans sa poitrine un soupir prêt à s'en exhaler, exigea du féroce gardien un redoublement de vexations et de rigueurs. C'est peu que l'enfant souffre, disait-il ; il faut qu'il se sente, qu'il se comprenne souffrir. La nature, qui le doua d'une intelligence précoce, devient en ce sens notre complice : elle développe son esprit, elle orne de grâces ses membres délicats, elle anime d'une flamme pure ses regards, interprètes du cœur : eh bien ! que des souvenirs pénibles l'affligent, que des privations habilement calculées l'obsèdent, que de sinistres pressentimens l'épouvantent ! Mettons à la gêne cette âme naïve ; épuisons cette patience angélique ; et refoulant sous les chaînes et les humiliations ce jeune cœur, où déjà respire un roi, châtions son innocence par le malheur, en changeant sa résignation en stupidité.

Combien ces conseils horribles chatouillent l'âme atroce des geôliers ! Comme ils augmentent leur scélérate activité ! L'orphelin voit de jour en jour diminuer ces consolations qui lui aidaient à supporter la vie ; de jour en jour, le crime qui veille autour de lui, multiplie ses angoisses ; et la douleur enfin le serre de toutes ses étreintes. A ces maux sans mesure, qu'oppose-t-il ? Une douceur inaltérable, la patience des anges, la résignation des héros. Une vertu si calme irrite jusqu'à la fureur le fougueux Simon.

Eh quoi! s'écrie-t-il, frémissant de courroux, un faible enfant vaincra un homme robuste! Le captif deviendra maître de son gardien, et le fils d'un roi l'emportera sur un fier amant de la république! Non, reptile doucereux, qui, ne pouvant subjuguer par la force, tentes de séduire par la ruse, non, tu ne me séduiras point! Ta docilité n'est qu'un calcul, ta patience un piége, ta résignation un appareil de théâtre. Quoique jeune, tu héritas des tiens la fourberie, prélude de la puissance, et qui cache ses attentats. Le sang qui nourrit ton cœur est envenimé, et, si je ne puis punir tes crimes en toi, j'y punirai du moins de fausses vertus.

Il dit; et associant à son projet sa compagne, mécontente de ne l'avoir pas inventé, ils demandent à l'enfer les moyens de l'exécuter. A ce vœu, Vultur reconnaît les siens, et récompense leur zèle en les inspirant. Il suggère à leurs pensées une de ces questions équivoques, dont la solution, provoquée par des faces multipliées et changeantes, se hérisse d'invincibles difficultés. Quelque soit l'intelligence de l'orphelin, il ne pourra les pénétrer ; car enfin la sagesse d'en haut ne viendra pas l'illuminer de ses rayons. Et alors encore, que de haine mériterait une protection si spéciale! et quelle torture ne justifierait-elle point!

A l'instant même, l'enfant, arraché à sa retraite, reçoit cette communication fatale : on le menace, en la lui intimant; on tente d'intimider sa jeune intelligence ; on en raille les efforts présumés; et c'est après avoir jeté dans son âme le trouble et l'inquiétude, qu'on l'abandonne aux méditations, filles de la solitude paisible et d'un heureux repos.

Aux méditations! Et c'est à l'âge où la douce séve de la vie fleurit en sensations délicates, en sentimens exquis, que la tyrannie, devenue sophiste, le condamne au recueillement sérieux, lui impose de graves méditations!

HUITIÈME NOCTURNE.

REPOUSSÉ par le pied sacrilége de l'insolent geôlier, l'enfant tombe à genoux sur la paille qu'une main parcimonieuse a jetée dans le recoin le plus obscur de son obscur cachot. Il tombe, et de ses yeux, levés au ciel, coulent des larmes. Pleure, royal infortuné! Dans cet âge affreux, que la tyrannie marque de sang, les rois sont condamnés à pleurer. Énervées par le luxe, ou frappées d'imprudence, leurs mains, qui jadis savaient guider le navire à travers les flots mutinés, en ont abandonné le gouvernail aux factions; et les factions, en humiliant les rois, accomplissent les décrets de la Providence et rappellent le monde à ses lois éternelles; car enfin Dieu ne déposa point sa puissance dans la coupe de Samuël, pour que David, descendant de main en main cette coupe sacrée , enivrât d'ambition toutes les tribus d'Israël. Pourquoi faut-il toutefois que le fils innocent expie les généreuses fautes de son père! et le moins coupable doit-il être le plus puni !

Le fils des rois, roi lui-même, à genoux sur la paille , pleure donc au fond d'un cachot. Tribut amer d'innocence et de douleurs, ses pleurs sont à la fois ses seules armes contre ses bourreaux, et ses seules offrandes à Dieu. Mais à ce spectacle de l'humiliation profonde d'un enfant-roi, les bourreaux ont souri avec férocité : juste Providence, deviendrez-vous leur complice en le délaissant?

Il était nuit : des voiles ténébreux, déployés sur le gothique donjon du Temple, épaississaient de leur obscurité l'obscurité de cette prison. L'aquilon , sifflant sous ses portiques, agitait les lampes pâlissantes; et au frémissement des vitraux fouettés par la pluie, répondaient les pas mesurés des hommes d'armes, satellites

indifférens de la tyrannie. Au bruisse-
ment sonore de l'airain douze fois interrogé, le lugubre écho des longues voûtes
venait de répondre douze fois; et la lune,
commençant à percer les noirs tourbillons de l'ouragan, décrivait en courbes
lumineuses les sombres arcades opposées
à ses rayons.

Un de ses rayons pénètre dans le cachot de Louis, et semble verser sur son
front chargé d'ennui la glorieuse auréole
des saints. Il dort, l'enfant royal : fatigué
d'inquiétudes, plus fatigué par ses larmes, il a cédé au sommeil. Mais ce ré-
parateur des maux prolonge les siens;
car de ses yeux fermés des pleurs s'é-
chappent encore. Hélas! un songe (faut-
il le nommer doux ou cruel!) lui retrace des momens délicieux auxquels
succèdent rapidement des scènes déchirantes. Que d'hommages reçoit dans ses
langes de pourpre cet enfant destiné à
régner! De quels baisers brûlans le couvre une mère ivre d'amour sur le sein

d'un époux! Mais bientôt la violence l'arrache à ces maternelles caresses : il faut quitter toutes ces joies de l'enfance, il faut oublier toutes ces tendresses du sang; des bras adorés d'une mère il faut passer sous les rudes étreintes des bourreaux. Oh! que d'effroi jettent dans ce jeune cœur ces épreuves meurtrières! Que de larmes elles lui coûtent! Le sommeil, qui les reproduit, en fait couler encore.

Occupé de la question insidieuse imaginée par ses gardiens, le prince s'était endormi, plein d'anxiété et dans les sanglots. A la suite d'un sommeil pénible, il se réveille dans une agitation plus grande, que redouble encore l'aspect de sa sombre demeure. La mélancolique clarté de la lune, qui lui en montre les murs dépouillés, noie son âme d'une tristesse amère et profonde; et s'il survit en elle un sentiment qui lui témoigne son existence, c'est celui d'une ineffable douleur. Silencieux, immobile, les yeux attachés sur un ciel sévère, l'enfant souffre : il ne gémit point, il ne pleure plus, il ne peut soupirer. Tombé du trône sur une paille ignoble, et du sein de sa royale mère sous la main de Simon, il se croit le rebut de la société, abandonné de la nature même, délaissé par la Providence. A cette dernière idée, sa poitrine, serrée par le chagrin, commence à se soulever ; l'espoir s'insinue dans son cœur, qu'il attendrit ; et, la religion y réveillant d'augustes souvenirs, il retrouve par eux de nouvelles consolations et d'autres larmes. Pleurer ainsi, c'est prier. Ainsi Joas, caché sous le lin du Lévite, mêlait à l'encens brûlé dans le sanctuaire, le parfum de ses pleurs innocens, de ses royales prières.

Dieu n'a point rejeté celles du nouveau Joas. Aux cris que ses douleurs arrachent aux entrailles d'un père, l'Éternel abaisse sur l'orphelin un regard compatissant. Soudain brille dans les airs, comme un ardent météore, l'esprit

angélique destiné à le protéger. A l'insensible mouvement de son vol, je ne
sais quelle émotion voluptueuse fait
mollement frémir la nature. Les vents
se taisent; les astres, plus radieux, étin-
cellent sur le sombre azur; les ondes ra-
lentissent leurs cours; et les oiseaux,
demi-réveillés sous la feuillée, murmurent l'hymne de la reconnaissance et
de l'amour.

Le céleste envoyé paraît devant son
royal pupille frappé d'enchantement. Il
lui sourit avec une tendresse mélancolique; et, posant sur sa tête une main tutélaire, il endort à l'instant toutes ses
cuisantes douleurs.

A la suite d'un sommeil bercé de
songes rians, l'enfant-roi se réveille
plein de consolations et de courage : il
se sent celui de braver ses bourreaux; et
déjà son esprit plus calme entrevoit les
moyens de les confondre. En promenant
autour de son cachot des regards assurés,
il remarque, sur un cippe d'albâtre, un

volume resplendissant que sa main s'empresse d'ouvrir. C'est l'IMITATION DE JÉSUS, ouvrage consolateur, qu'un divin messager devait aux afflictions royales. Celles du prince y vont puiser un baume fortifiant; et son intelligence, éclairée par les lumières dont ce livre est le réservoir sacré, déconcertera la malice de ses gardiens, en les accablant d'étonnement et de confusion.

Le lendemain en effet, Louis résolut, dans ses nœuds ambigus, la question proposée.

NEUVIÈME NOCTURNE.

A L'ASPECT du sacré volume, et surtout après avoir oui, de la bouche de l'enfant, la réponse qu'il lui a inspirée, ses geôliers éprouvent des sentimens divers. Tous deux, immobiles d'abord, cèdent à un étonnement stupide mêlé d'involontaire admiration. L'auguste simplicité du prodige les trouble ; la noble ingénuité de celui que le ciel en a fait l'organe, les touche et les attendrit. Mais, réprimant bientôt cette émotion généreuse, l'un s'abandonne à l'impétueuse dureté de son caractère, l'autre se recueille dans la noire dissimulation du sien. Tranquille en apparence, mais dérobant sous un visage calme sa haineuse passion, l'épouse, telle que la paisible Euménide de la fable, glisse sur l'orphelin l'obliquité de ses regards, auxquels

se marie l'affreux sourire du meurtre
médité, tandis qu'emporté par sa grossière violence, Simon éclate en injures,
et mêle aux opprobres qu'il vomit contre les rois le blasphème qu'il lance contre Dieu. Vultur, dont l'impure haleine
glace ou enflamme le venin de ces reptiles, prolonge une scène combinée pour
le supplice de l'enfant, que l'ange duSei-
gneur y soustrait, en le voilant de ses
ailes protectrices.

Dans le jour même, Hébert consulté
accueille de longues risées le récit des
Simons. «Est-ce à lui, disciple des philo-
sophes flambeaux du siècle, à lui, dé-
positaire et propagateur de leurs lumières, est-ce à lui que la crédulité, fille de
l'ignorance ou de la peur, pourra per-
suader l'existence et l'authenticité d'un
miracle! Depuis quand la nature, dont
la suprême énergie crée pour détruire
et détruit pour conserver; depuis quand,
par une exception unique à ses lois éternelles, a-t-elle renversé l'ordre inaltérable

de ses mouvemens, en faveur d'un être,
compris sans doute dans leurs révolutions nécessaires , mais qui , par cela
même , lui est indifférent ? Cet atome
vivant , qu'un choc fortuit avait jeté sur
le trône , et qu'un autre choc a précipité
dans un cachot ; cet atome a pu obtenir
quelque importance d'atomes moins im-
portans que lui : mais croire que le ciel
se plaît à augmenter cette importance
par ses relations mystiques avec lui, c'est
le rêve dangereux d'un fanatisme stupide, c'est la prévention coupable d'un
ennemi de la raison et de la liberté. Que
cet enfant, soit par lui-même, soit par
un reste de préjugé qui murmure, excite,
dans l'âme de ceux qui le contemplent,
je ne sais quel intérêt ; cette émotion,
d'ailleurs insensée , s'explique par notre
faiblesse : et moi-même , je l'avoue en
rougissant, je ne puis songer à ce fils des
maîtres du monde, dont la jeunesse devait briller dans une cour, et qui se flé-
trit sous la chaîne d'un vil artisan ; non ,

je n'y puis songer, sans être attendri.
Toutefois ce mouvement est criminel;
et puisqu'il en est la cause et l'objet, c'est
lui qu'il en faut punir. Par ce châtiment
politique, quand même il ne serait pas
légitime, s'évanouira ce religieux appareil, dont une main perverse entoure le
dangereux orphelin. Éteignez sous les
humiliations et dans les larmes cette
double auréole de la religion et de la
royauté, qu'on essaie de faire luire sur
sa tête. Que cette tête, proscrite par la
liberté, soit conservée pour l'anathème ;
et que la superstition cherche vainement
un roi dans l'esclave de Simon ! »

Cette doctrine scélérate, ces atroces
conseils mettent à l'aise les infâmes geôliers. Leurs cœurs, affamés de sang et de
larmes, palpitent d'une affreuse joie.
Celle de Simon, qu'il ne peut contenir,
éclate en imprécations et ressemble à la
fureur : sa compagne, les yeux baissés
et les lèvres fermées, savoure lentement
la douleur qu'elle destine à son royal

pupille. Elle en combine les élémens, elle en calcule les degrés; et dans le recueillement de sa pensée, profondément perverse, elle règle l'intensité et la durée des souffrances sur le plaisir qu'elle s'en promet. Telle, à l'aspect de l'agneau, à peine sevré du lait maternel, une affreuse hyène cache sous un tertre verdoyant, et mieux encore sous un air paisible, son appétit sanguinaire. Par instans, elle darde sur la victime qu'elle se ménage, un œil brûlant; bientôt elle voile sous ses paupières abaissées l'ardeur de ses regards, et renferme en soi la cruauté de son projet. Tout à coup elle s'élance d'un bond, tombe sur l'agneau débonnaire, dont elle déchire les flancs. Aux bêlemens de la victime qui expire, se joignent seulement quelques cris rauques et sourds de son bourreau qui s'assouvit. Quoique livrée à son instinct féroce, l'horrible bête sait en amortir les éclats; et c'est en silence qu'elle achève de s'enivrer du sang qui ruisselle sous ses ongles.

Ainsi désire, ainsi médite, ainsi agirait cette femme, qui déteste le fils d'un roi de tout l'amour qu'elle porte à l'anarchie, et dont la haine, fruit d'un orgueil révolté, recèle, sous un calme étudié, toutes les perfidies de la vengeance. La sienne, autorisée par Hébert, prend dans sa conscience faussée les couleurs de la justice; et, dominée par un ascendant qu'elle répute légitime, elle croit céder à la nécessité inexorable, quand elle n'obéit qu'à sa propre méchanceté.

Sans différer, Louis, arraché à son cachot, se voit dépouillé de ces vêtemens somptueux, dernières marques de son rang : à la soie moelleuse qui ondoyait autour de ses membres et dessinait leurs contours élégans, on substitue une bure grossière; l'âpre rudesse des tissus rustiques succède au lin choisi; une ignoble chaussure presse et offense ses pieds délicats; et sous l'infâme bonnet de la licence, s'échappe en longs anneaux cette chevelure sacrée, que devait ceindre le bandeau des rois.

A cet aspect nouveau qui, sous la plus vulgaire simplicité, semble découvrir de nouvelles grâces, les geôliers, d'abord interdits, éprouvent des mouvemens qui tiennent de la pitié. Mais leur perversité naturelle a bientôt chassé cette émotion fugitive ; et, dans leur démagogique orgueil, ils contemplent avec délices cet abaissement de leur souverain. Toutefois, ne pouvant se défendre d'une sorte de déférence, qu'ils repoussent, ils entremêlent de caresses les insultes prodiguées à leur victime, et c'est par des outrages raffinés qu'ils expient leurs respects involontaires.

Au nombre de ces outrages, il en est un qui les surpasse tous en noire malice, comble leur atrocité par ses humiliantes combinaisons, et qui, à ce double caractère, semblera conçu dans la tête d'une furie. Louis tombé, et recevant d'un vainqueur sans générosité la

loi de la défaite, avait jusqu'alors courbé
son jeune front sous un joug cruel, mais
non flétrissant; la femme de Simon,
condamnant ce prince à la servitude do-
mestique, voulut dégrader en lui la majesté du sceptre, et humilier, par un af-
front inouï, soixante rois vivans dans sa
personne. Voilà donc le fils de saint
Louis, le descendant de Henri, le rejc-
ton de cet autre Louis si fier et si grand;
le voilà, comme un mercenaire, contraint d'obéir à des ordres durement exprimés, de contenter des caprices variés
par l'insolence, de fléchir sous des travaux accablans pour sa faiblesse! A ces
affreux tableaux, que ma tremblante
main ébauche à peine, je sens courir
dans mes veines le frisson de la terreur
et le frémissement de l'indignation.
Mon cœur, soulevé par une sainte colère, palpite à coups pressés; et la honte
couvre mon front d'une pénible rougeur. Quoi! c'est à la fin de ce siècle illustré par la philosophie, que l'on com-

met des attentats dignes des premiers
âges de la civilisation! C'est devant la
statue de Rousseau, de ce Rousseau,
l'amant si passionné de l'humanité,
l'ami si tendre de l'enfance, qu'après
avoir immolé des hommes, on garotte
un enfant! O nation vaine et légère! ne
vante plus tes lumières, car on te par-
lera de tes crimes; et si tu montres le
panthéon de tes grands hommes, je mon-
trerai l'échafaud de tes rois!..Mais qu'ai-je
dit! et pourquoi calomnier un peuple
qui, de ces grands forfaits, gémit en
victime, et ne se souilla point comme
complice? Oui, les Français sont purs
du sang versé en leur nom et sous prétexte de leur intérêt; ils désavoüent, ils
détestent, ils rejettent à jamais ceux qui
le répandirent; surtout ils maudissent
et repoussent ces barbares qui, dans la
coupe sanglante des banquets de l'anarchie, buvaient les larmes d'un enfant,
parce que cet enfant était roi.

Oh! que de larmes en effet sa nouvelle situation fit couler des yeux de l'innocent! Et quel cœur insensible retiendrait les siennes à ces lamentables souvenirs? Dès lors, plus de sommeil, plus de repos. A peine l'aube, blanchissant les sombres donjons du Temple, verse-t-elle ses premières lueurs sur la couche de l'orphelin, que la même inquiétude qui tenait ses paupières entr'ouvertes, lui retrace péniblement ses devoirs prescrits. Tremblant et faible, il avance en chancelant vers le lit de ses maîtres; et, soulevant ses regards timides, il épie sur leurs fronts farouches le destin de sa journée. Oh! si dans ces yeux, qui lancent si souvent la menace; si sur cette bouche, d'où partent tant d'outrageantes paroles, il peut saisir un peu de calme, ou quelque sourire, que d'espérance rentre dans son cœur facile, que de joie éclate sur son front ingénu! Par quels soins empressés, par quelles prévenances attentives, il témoigne sa reconnaissance!

Hélas! c'est pour le mal qu'on ne lui fait pas, qu'il est réduit à l'éprouver!

Mais il arrive bientôt ce mal redouté, et il se montre sous les formes les plus capables de contrister un naturel doux. Si jamais serviteur ne fut plus intelligent et plus docile, jamais il ne trouva de maîtres plus impérieux et plus exigeans. Le moindre oubli est une faute : la négligence la plus légère est punie comme un crime. Souvent il faut prévenir un ordre; souvent il en est qu'il ne faut pas exécuter; quelquefois il s'agit d'en concilier de contradictoires. Tant d'obstacles pourraient-ils ne pas faire naître quelques délits, bientôt suivis de sévères châtimens! Le plus pénible (faut-il que je le décrive!), celui qui afflige le plus l'enfant, en humiliant le roi, est, après avoir servi ses bourreaux, de manger à leurs pieds. Alors, toute la fierté de sa race ne paraît un instant sur son front décoloré, que pour céder bientôt à toute la faiblesse de la nature, à toute l'an-

goisse de sa situation. Pâle et immobile,
l'enfant royal agenouillé pleure amèrement ; et, d'une main qu'il conduit à
peine, il cherche la main de ses tyrans,
la porte timidement à ses lèvres, et la
couvre de larmes et de baisers.

DIXIÈME NOCTURNE.

Ce fut dans cette situation qu'Hébert le surprit un jour. Les Simon avaient voulu rendre témoin du sacrilége triomphe de leur vanité celui qui semblait ne vivre que pour humilier les rois. A l'aspect de celui-ci prosterné à leurs pieds, le démagogue, d'abord étonné, sourit ensuite avec orgueil; il attache sur ce tableau, digne de lui, des regards avides et satisfaits. Puis, flattant d'une main protectrice l'auguste infortuné, il vante ironiquement sa docilité, son adresse, son zèle, et veut à l'instant même les mettre à l'épreuve. L'enfant obéit : les yeux baissés, il présente à Hébert une coupe dont ses soins ont fait briller le cristal; il la remplit d'un nectar pétillant, et l'offre en silence. Tant de grâces accompagnent cette action si simple, que le factieux en est ému. Aux bruyantes injures que Simon adresse à Louis, il fixe sur le prince, qui s'intimide, des regards pénétrés de pitié. En ce moment les yeux de l'enfant (ces yeux dont l'azur chargé de mélancolie ressemble au ciel d'automne voilé par les nuages du soir) rencontrent les yeux d'Hébert; et soudain, comme s'il pressentait qu'un troisième tyran vient fortifier la méchanceté des premiers, ils se couvrent de larmes. Hébert attendri, et, pour cette fois, content de l'être, sent les siennes mouiller sa paupière ; la douce sensibilité rentre dans son cœur ; et pressant dans ses bras l'orphelin qui l'implore, il se déclare son appui. Simon furieux redouble ses imprécations ; sa femme pâlissante voudrait sourire, et ferme ses lèvres contractées. Tous deux saisissent Louis, tentent de le soustraire aux caresses d'Hébert, près duquel il s'est réfugié, et à qui, dans sa confiante ingénuité, il prodigue des baisers reconnaissans. Insolens , leur dit Hébert avec sévérité , oubliez-vous devant qui vous insultez cet enfant ? oubliez-vous ce que cet enfant est lui-même ? Craignez qu'un jour il ne vous le rappelle, craignez que moi bientôt , je ne vous en fasse ressouvenir ? Ne peut-on détester les rois, sans outrager les infortunés ? Parce que vous êtes cruels, vous vous croyez libres ! Mais l'amour de la république n'est point la haine de l'humanité; et pour les vrais citoyens, le malheur est un dieu et la pitié une religion. Remplissez donc mieux la vôtre ; et que cet enfant , que je charge de m'en rendre compte, trouve dorénavant en vous des serviteurs fidèles et non des esclaves révoltés.

A ces mots, Hébert embrasse tendrement le prisonnier qui s'afflige de le quitter; il jette sur les Simon un regard où le mépris se confond avec la menace. Ceux-ci stupéfaits n'ont point de voix pour exprimer leur étonnement et leur indignation. Pauvre orphelin, ce sont tes grâces, ce sont tes peines qui réveillèrent dans une âme féroce une compassion sans doute passagère; et ce sentiment va irriter contre toi un courroux plus durable. Faut-il donc que tu sois également victime de la haine et de la pitié!

ONZIÈME NOCTURNE.

Vultur frémit du changement opéré dans l'âme et dans la conduite de l'un de ses agens les plus zélés. Il connaît l'influence qu'exerce sur la multitude son éloquence populaire ; naguère il a pu applaudir à ses heureux effets ; maintenant il les redoute. Il craint surtout celle qu'Hébert peut prendre sur Robespierre : ce démagogue farouche est si faible ! La faiblesse ouvre son cœur pusillanime à tant d'inquiétudes ! et l'inquiétude est mère de la crédulité qui la reproduit à son tour. Si, touché de compassion, la politique du tyran tempérait d'abord sa sévérité ; si, plus exacte dans ses calculs, elle faisait entrer l'humanité dans ses combinaisons ; si enfin la tranquille lumière de la justice succédait aux sanglantes lueurs de l'incendie

qui dévore la France!... Ces bienfai-
santes idées paraissent horribles au démon : il voit, dans l'avenir qui les réalise, la prospérité rendue à la patrie; il
la voit cette patrie, palpitante encore de
terreur et déjà renaissant à l'espérance,
se jeter toute mutilée sur le sein des
Bourbons!.... Non, dût l'enfer déchaîner
sur la terre toutes ses légions anarchiques, cette perspective, rêvée par les
hommes de bien, restera dans leurs songes. Qu'en s'éveillant aujourd'hui, ils ap-
prennent que leur idole, un instant ca-
ressée par une lâche surprise, souffre et
gémit. Par combien de larmes va-t-elle
expier ce bonheur d'un moment!

Après avoir noirci l'âme de Robespierre par ces vapeurs infernales qui la
disposent au chagrin et à l'inflexibilité,
Vultur effleure de son aile venimeuse
Hébert, qu'inquiète déjà son retour à la
pitié; puis, abattant sur les tours du
Temple son vol silencieux, il va s'asseoir entre les deux Simon demeurés

immobiles. Pour les préparer aux nouveaux sentimens nécessaires à ses des-
seins, le démon n'a besoin d'aucun effort:
il reconnaît dans ces âmes perverses la
méchanceté qui caractérise la sienne. A
cette découverte, qui excite en lui ce
rire diabolique qui fait trembler les saints,
Vultur se contente d'exhaler sur le couple son souffle empesté. A l'instant, plus
de rage enflamme Simon; plus de fiel
blémit l'odieux visage de sa femme. L'œil
couvert et doux, la voix larmoyante et
le geste insinuant, elle feint de calmer
la fureur de son époux et l'attise davantage. En plaignant l'orphelin royal, elle
sait provoquer contre lui un brutal em-
portement; en excusant Hébert, elle
parvient à rompre les digues d'une colère long-temps concentrée. La crainte
de voir, avec leur vengeance, s'évanouir
aussi leur fortune, agite ces cœurs également mercenaires et cruels. Toujours
opposés dans les moyens de l'acquérir,
ils sont, pour cette fois, d'accord sur

ceux de la conserver. Une délation inspirée à Simon par son hypocrite compagne est soudain portée à Robespierre,
dont l'œil terne s'anime à cette lecture,
et semble jaillir des traits de fiel et de
sang. Les dents serrées, tous les muscles
contractés, le tyran jure d'exercer sur
le prince et sur Hébert la plus exem-
plaire, la plus prompte vengeance. C'est
dans son cœur, où se remuent toutes les
passions funestes, qu'il prend cet engagement atroce; et l'enfer, averti par
Vultur, tressaille dans ses gouffres d'une
effroyable joie, et reproduit, par tous
ses rauques et discordans échos, ce criminel, ce régicide serment.

DOUZIÈME NOCTURNE.

Vous, que dévore la soif du pouvoir, et qui ne rêvez de bonheur que dans son ivresse; vous, qu'éblouit l'appareil des grandeurs, et dont l'imagination, errant parmi les pompes du trône, n'y voit qu'un enchantement perpétuel; ambitieux, venez contempler le sommeil d'un tyran.

Veuve du roi dont Maximilien a bu le sang, la France se tait devant ce factieux impitoyable. Son opiniâtreté dans le crime fit ses succès : pensez-vous que ses succès fassent son bonheur ?

Pénétrez avec moi dans cette retraite, que la simplicité paraît avoir ménagée pour un sage : sous son humble toit caché par des arbres verdoyans, cherchez l'alcôve modeste, que parfument quelques fleurs bocagères, et sur laquelle la

tranquille lueur d'une lampe semble
avec ses rayons épancher le sommeil.
Tout est calme dans cet asile : le ciel accomplit pour lui, comme pour l'univers,
ses révolutions silencieuses ; la fraîche
brise des nuits frémit par intervalle sous
la feuillée tremblante ; et le monotone
murmure d'un ruisseau lointain semble
mesurer sans cesse le temps inépuisable,
dont un airain champêtre annonce les
heures écoulées.

C'est là, c'est sous ce chaume des pa-
triarches, que dort Robespierre. Mais
qu'ai-je dit? dormir ! Ah! quel fatigant
repos que celui que la nature impose
entre le remords et la peur ! Voyez-les,
sous la forme de reptiles, sous celle de
pâles fantômes, voyez-les se glisser sous
l'oreiller du tyran, apparaître à son chevet, s'asseoir sur sa poitrine, pour y
charger d'un affreux cauchemar, pour y
écraser ce cœur affamé de meurtre ! Tout
tremble à ton nom, Robespierre! mais
un songe te fait trembler. La voilà de-

vant toi cette tête royale, dont ta main s'efforce d'arracher le sanglant diadème! c'est en vain : le sang qui en dégoutte rougit ta main cruelle ; et jamais la France ne fléchira sous un sceptre teint du sang de ses rois.

Telle est la lugubre vision qui, chaque nuit, tourmente le sommeil d'un monstre, venge la mémoire d'un juste, et justifie la Providence. En ce moment, une terreur nouvelle ajoute à cette terreur accoutumée de nouveaux effrois. Maximilien éperdu s'élance de sa couche : l'œil hagard, la poitrine pantelante, le poil hérissé, il erre parmi les ténèbres, et fuit à travers l'espace. Dans son trouble, il réveille un serviteur fidèle, qu'il épouvante de ses cris entrecoupés. Quelle est donc la cause de ce trouble? Ami, dit Robespierre avec des sanglots, excuse et cache ma faiblesse; pardonne-la au rêve affreux qui m'ôte le repos. Mais, était-ce bien un rêve que cette image épouvantable, signal de ma chute prochaine ? car, je n'en puis douter, la France se fatigue, et le ciel se lasse. Ah ! c'est lui qui, dans un dernier moment d'indulgence, prophétise à la fois la fin de mon pouvoir et l'arrêt de mon supplice !....

C'était le plus beau jour de la saison des roses : tout était gloire et opulence sur la terre, harmonie et parfums dans les airs, douce chaleur et resplendissante lumière dans les cieux. Au milieu de cet éclat dont tout brillait autour de moi, je brillais d'un éclat plus vif, et que, dans ma présomption, je croyais plus durable. Des rangs circulaires d'un peuple prosterné à mes pieds, sortaient des voix mélodieuses, qui chantaient mon triomphe ; de toutes les mains s'exhalait l'encens de mon apothéose. Dans quelle joie nageait mon cœur ! de quelles délices tout mon être était pénétré ! Peu à peu cependant ce nuage de parfums qui brûlaient pour moi, s'étend, se développe, s'épaissit, et, sous les vagues ondoyantes qu'il déroule, me dérobe à la multitude idolâtre. Bientôt, aux accords des concerts qui enchantaient mon oreille, succèdent des clameurs discordantes, suivies d'un silence profond. De pâles lueurs me montrent une solitude sans bornes, et un froid sans mesure vient glacer mon cœur découragé. J'osais à peine soulever mes paupières chargées de terreur. Cependant je ne sais quel attrait insurmontable attachait sur le point le plus obscur de ce vague horizon mes regards effrayés. Tout à coup étincelle, comme un éclair, un ardent météore : c'est un glaive balancé par une main mystérieuse, et qui dresse contre moi sa pointe embrasée. Vainement veux-je me dérober à ses coups : je sens l'acier vengeur pénétrer dans ma poitrine; il s'y plonge, il s'enivre de mon sang, que le peuple, dont l'aspect m'est rendu, voit couler avec enthousiasme. En ce moment, je porte mes regards mourans sur la main qui me tue : quelle est à la

fois ma surprise et ma rage! Je vois le
fils fatal de ce tyran que j'ai puni! Il
souriait de cet air mélancolique. dont
je ne sais quel prestige embellit son
visage; il souriait, et je crois pourtant
que le jeune tigre osait me plaindre.
Barbare pitié des rois, vous voilà! Leurs
yeux versent des pleurs sur les blessures
faites par leur main. Ah! tombe et se
dessèche celle qui frappa le sein d'un
père du peuple! Coupable en songe,
qu'il soit puni pour ne pas réaliser
son attentat! Le rejeton d'un roi
peut-il être innocent d'ailleurs? et dès
qu'il m'a fait trembler, n'est-il pas
criminel?

Dans ces détestables sophismes respire
tout le génie de la peur irrité par Vultur. C'est ainsi que le démon, auteur
de cet épouvantable songe, dispose à la
sévérité l'âme naturellement féroce et
craintive de son infâme agent; c'est ainsi
qu'ouverte aux soupçons ombrageux,
elle accueille avec transport le délateur

·Simon ; c'est ainsi qu'elle médite la perte d'Hébert, dont il faut inventer le crime ; et jure celle de Louis, dont il faut punir la vertu.

TREIZIÈME NOCTURNE.

Tandis que, poussé par l'enfer, Maximilien brûle d'apaiser par de nouveaux crimes sa conscience criminelle, que fait l'orphelin, contre lequel il médite le plus grand des attentats ? Caché dans un obscur réduit, étendu sur une couche indigente, l'orphelin dort du sommeil profond de l'enfance, du doux sommeil de l'innocent. L'ange qui veille à sa destinée jonche de roses immortelles son misérable grabat, et des songes célestes enchantent de leur féerie son imagination qui sourit à leur illusion.

Robespierre, le front livide de soucis, s'est fait ouvrir le cachot du prince : il le contemple avec une inquiète avidité ; étonné, il s'irrite de la sérénité de son front, il s'indigne du sourire qui embellit ses lèvres ; et dans l'angoisse d'un chagrin jaloux, il soupire péniblement. Cédant bientôt à son impatience farouche, il éveille brusquement Louis, dont les regards, d'abord plus surpris qu'alarmés, errent quelque temps incertains, et se fixent avec embarras sur le tyran. A l'aspect de cette figure, où avec la candeur des anges brille tout leur esprit, Maximilien sent redoubler sa rage : il croit voir en elle ce vengeur prophétisé par un songe, et cherche avec terreur dans une main si pure le fer des assassins. Plein d'effroi, il interroge le prince, qu'il tente d'envelopper d'insidieuses questions. Mais que peut la fourbe contre l'innocence ingénue ? On voudrait obtenir du patient le double aveu d'un projet d'Hébert et de son propre dessein ; car l'affreux Simon, dans l'échange de quelques passagères caresses, a vu le triomphe du roi et la perte du tyran ; et il les a vus, parce que sa femme, plus atroce, a feint de les y voir. La franchise naïve du prince déconcerte cette ruse

infernale; à la simplicité de ses réponses, les geôliers demeurent stupéfaits;
Robespierre lui-même paraît céder à
l'ascendant de sa jeune raison. Dans une
âme, qui se croit stoïque, et qui n'est
que dure, la pitié n'a point d'accès;
mais sur un esprit nourri de sophismes,
tout ce qui semble raisonnement, a droit
au moins à son attention; et celle du
rhéteur, provoquée par la précoce sagacité de l'enfant, épie l'instant d'opposer
à sa candeur une subtilité qui la fasse
échouer. L'occasion s'en présente soudain. Louis, pressé de demandes, venait
de donner, sur les tourmens dont il était
le jouet, quelques éclaircissemens exi-
gés. Sans passion, comme sans artifice,
il les avait plutôt indiqués que décrits;
et, réservé dans son récit, sans trahir la
vérité, il n'avait rien permis à la plainte.
Tant de modération, plus que tant d'attentats, avait plus d'une fois fait rougir
les bourreaux. Maximilien, qui, dans
le calme d'une âme qui se possède, a

démêlé l'amour de la justice, veut trouver dans cet amour même un prétexte
à l'iniquité. Louis opprimé n'a pas su
se plaindre; mais Louis délivré sau-
rait-il pardonner? C'est de quoi le tyran
subtil a besoin d'être éclairci, ou plutôt
c'est ce que pénètre aisément sa malice,
mais ce qu'il veut faire avouer à celui
qu'il s'est marqué pour victime. Vous
avez souffert, lui dit-il, vous souffrez
encore; mais la politique l'exige. —
Mon père disait que la politique sans la
justice n'était que la science du plus fort
ou du plus adroit. — Et si jamais, par
une supposition impossible, votre famille ressaisissait le pouvoir, que feriez-
vous? — Mon père est mort en pardon-
nant; ma mère, jadis si fière, fut douce
avec la mort, et pria pour ses bourreaux:
je ne sais point haïr les miens, et je par-
donnerais. — Mais la clémence est une
prérogative royale? — Dites que c'est la
vertu et le trésor des rois. — C'est donc
en roi que vous raisonnez, c'est donc

en roi que vous agiriez ? — Si j'étais roi,
je vous punirais.

Ces mots sont à peine tombés dans
l'oreille de Robespierre, qu'ils lui semblent l'arrêt du ciel prononcé par un
innocent. A sa pâleur habituelle, se
joint la pâleur de l'épouvante ; ses yeux
se marbrent de taches sanglantes ; tout
son corps frissonne, et dans l'angoisse
qui serre sa poitrine, sa langue peut à
peine balbutier quelque inintelligible
blasphème. Tel, dans les humides parages
de l'Amazone, un de ces affreux reptiles
qui chargeait de ses immenses replis la
vaste fange du fleuve, se sent tout à coup
arrêté par la baguette d'un enfant. Au
sifflement de la verge qui fléchit sur son
dos, le monstre s'arrête, la gueule
béante, l'œil éteint, les flancs affaissés.
Vainement, parmi des flots d'écume
impure, il agite le triple dard de sa langue impuissante : à sa rage silencieuse,
à ses convulsifs efforts, on juge que la
terreur des savanes tremble à son tour,

et qu'enfin il est devant son maître. Ainsi Robespierre montre à la fois sa colère et sa peur. O désespoir ! ô regrets ! s'écrie-t-il : c'est donc en vain que la cognée a fait tomber le chêne séculaire , puisqu'il revit dans son principal rejeton ! Pourquoi une politique pusillanime défend-elle de rendre aux élémens ce germe dangereux ? Que Louis du moins cesse de l'être, s'il ne doit pas cesser de vivre ! Déjà flétri des stigmates de l'esclave, qu'il perde encore l'ornement des rois : que sous le double tranchant de l'acier tombe cette magnifique chevelure , les délices de sa mère , et peut-être l'espoir des descendans de Clodion ! Ainsi dégradé , qu'il vive, qu'il souffre, et qu'il rampe !

Il dit ; et aussitôt la main sacrilége de Simon courbe la tête du roi. Elle fléchit, comme un beau lis foulé par le pied d'un rustre , cette tête charmante , dont s'empare l'indigne épouse du geôlier. Bientôt le fer outrage ces tresses ondoyantes, plus moelleuses que le lin, plus brillantes que la soie. Aux pieds des infâmes, la main d'une furie, semblable à celle de la Parque, disperse cette riche toison. A cette vue, l'enfant royal pleure, et ses bourreaux se prennent à rire. Comme le doux agneau qui bêle plaintivement sous les ciseaux qui le dépouillent, le fils de Louis gémit tout bas sur son sacrifice; et ses larmes redoublent en pensant à son père.

QUATORZIÈME NOCTURNE.

DEPUIS le jour où, cédant à la pitié, Hébert semble avoir trahi les féroces intérêts de la tyrannie, il ne dort plus, il respire à peine, il est livré aux rongeantes inquiétudes; et pour avoir une fois écouté la vertu, il éprouve des remords. Ainsi, quand le crime règne, ne pas le commettre, c'est être coupable; et l'on est prêt à devenir sa victime, si l'on a refusé de se faire son complice. Telle est la position dans laquelle un mouvement honnête a placé le fauteur habituel du vice : il fut sensible un instant, et ses maîtres ne lui pardonnent point ce sentiment qui les accuse. Du haut de cette tribune, sur laquelle Vultur, déployant ses sombres ailes, secoue la terreur et souffle la mort, Robespierre a lancé contre Hébert une déclamation

délatrice : celui qu'on appelle l'*Incor-
ruptible*,lui reproche la corruption; celui
qui se dit fidèle à la liberté, lui impute
de l'avoir trahie en faveur des rois. Tem-
pérant toutefois par l'indulgence l'âpreté
de l'accusation, le rhéteur ménage, en
même temps que le tyran menace; et,
ne touchant pas encore du glaive la tête
qui bientôt peut-être lui sera dévouée,
il le balance sinistrement et le lui montre prêt à frapper. A cette voix mena-
çante, à ce terrible aspect, Hébert pâlit
et tremble. Un retour soudain change
en dur égoïsme son attendrissement pas-
sager. Averti par le chef des factieux que,
devant l'altière puissance du crime doit
fléchir l'ascendant des timides vertus, il
abjure, il déteste l'émotion vertueuse,
mais imprudente, qui le compromit, et
qui faillit le perdre. Après tout, devant
les grands intérêts d'une république qui
s'élève, qu'est-ce que l'intérêt d'une famille qui tombe ! En présence d'une nation qui brise ses chaînes, qu'est-ce qu'un

enfant qu'on charge de fers! Mais cet enfant est roi! Mais, au défaut du trône envahi par des assassins, il a son trône dans les cœurs! Eh bien! qu'une main adroite le chasse des cœurs où il règne. Depuis quand n'est-il plus permis de perdre par d'ingénieuses perfidies un ennemi dangereux? Le crime imputé aujourd'hui, il l'aurait commis demain, et la prévoyance n'est point la calomnie. En un mot, si l'état n'exige pas sa mort, il demande au moins sa ruine; et pour qu'elle soit entière, irrévocable, il la demande ignominieuse. Avilir un roi, c'est le détrôner.

Toute la pensée de l'enfer est dans cette doctrine; on en va voir toute la méchanceté dans les conséquences.

Pour prix de sa conscience lâchement vendue, Hébert a obtenu la paix : à quoi va-t-il en employer les honteux loisirs? à faire une guerre de calomnie et d'extermination à l'innocence et à la vertu.

Au sein d'une nuit tranquille, tandis

que Paris, délivré pour quelques heures
de ses bruyans démagogues, respire
dans l'ombre, et que, sous ses voiles fa-
vorables, l'orphelin royal savoure l'oubli
de ses maux, une intrigue infernale a
préparé et lui apporte des maux plus
amers. Tout à coup se font entendre des
bruits tumultueux et confus. Au milieu
de l'obscurité qui noircit les jardins du
Temple, flamboient, comme des astres
sinistres, trois torches ardentes qui sil-
lonnent l'air de rougeâtres reflets. Aux
longs aboiemens des dogues se mêlent
les clameurs des sentinelles inquiètes et
les imprécations des geôliers mécontens.
Les pas précipités des hommes d'armes
ébranlent les degrés de la tour, dont la
voûte tournoyante reproduit le cliquetis
des baïonnettes. C'est au milieu de cet
appareil, et précédé par les deux Simons,
qu'Hébert, revêtu des insignes popu-
laires, pénètre dans le cachot de Louis.
L'enfant sommeillait paisible, et heureux
d'un de ces songes que prodiguait à ses

chagrins l'ange tutélaire de ses destinées.
Au mouvement qui se manifeste, il s'é-
veille; et, portant autour de lui des regards étonnés, il commence à éprouver
de l'effroi. C'est qu'à l'instant même
s'accomplissait un de ces décrets mystérieux du Dieu qui livre quelquefois les
bons aux entreprises de la perversité. Il
avait permis, ce Dieu sévère, dont l'i-
gnorante présomption accuse la justice,
que la reine, déjà tombée du faîte de la
prospérité, trouvât dans l'abîme des infortunes un abîme plus profond, plus
affreux encore. Jusqu'alors, c'est la révolte qui, brisant aux mains d'Antoinette
la coupe délicieuse du pouvoir, y substitua le calice des persécutions : le moment arrive, où une main adorée empoi-
sonnera ce calice déjà trop amer. Dans
le calcul profond de sa scélératesse, Hébert a voulu qu'à l'atrocité du coup qu'il
lui prépare, la reine reconnût l'implaca-
cable ennemi des rois, et qu'à la douleur
causée par ce coup aussi meurtrier

qu'imprévu, la mère ne pût méconnaître son fils. L'arrêt porté par l'Éternel recevait alors son exécution. Au scandale des faibles, l'innocent parricide va punir l'inceste qui ne fut point médité ; mais à l'allégresse des forts et des saints, la reine va joindre cette couronne à celle de son martyre. Fuyez donc en rougissant, pudique chérubin qui protégez Louis ! Dieu ordonne que, voilé de vos chastes ailes, vous attendiez aux pieds du sanctuaire; que son oracle soit rempli. Avec Hébert et son cortége, tout l'enfer semble environner le roi ; et Vultur, auquel l'abandonne l'incompréhensible sagesse, plane silencieusement sur sa tête, qu'il menace de ses bras étendus.

Le bruit des armes, l'éclat des flambeaux, les murmures de cette multitude agitée, et plus encore l'étrange costume et l'attitude d'Hébert, jettent dans la tête du prince un pénible désordre, et dans son cœur un trouble inconnu. Pourquoi ces feux brillans succèdent-ils

tout à coup à la profonde obscurité? Que
veut cette foule bruyante dans ce lieu
jusqu'alors désert et silencieux? Que si-
gnifie surtout ce chagrin menaçant exprimé sur le front et dans les yeux d'Hébert; sur ce front naguère serein, dans
ces yeux qui invitaient à la confiance et
promettaient la bonté? Au lieu de paroles encourageantes, c'est un silence
sévère; au lieu de gestes affectueux, ce
sont des bras repoussans. Ah! ce fut
donc une fausse pitié qu'il affectait pour
séduire! Ce fut par de perfides caresses
qu'il parvint à captiver. Hélas! ses efforts
ne furent ni pénibles, ni vains : l'âme
naïve d'un enfant malheureux s'ouvre si
aisément à l'espoir! Telle la jeune fleur
des champs, dont les brises du nord ont
contracté le calice délicat, épanouit aux
souffles caressans du zéphir printanier sa
corolle virginale : la préserve le ciel des
brûlantes ondées de l'orage, ou du con-
tact impur des reptiles venimeux!

Plus venimeux que les reptiles de Sy-

namary, Hébert va salir d'une sanie in-
fecte ce bouton flétri de la fleur royale.
A un signal donné, toute cette multitude s'écoule bruyamment; et l'orphelin, non moins intimidé du calme qui
succède au tumulte, que du tumulte
même, comprend qu'il est devant des
accusateurs, et qu'il lui faut répondre à
des juges. Mais quelle accusation et
quels débats! La langue ingénieuse, qui
couvrit d'un chaste voile les emporte-
mens de Phèdre, pourrait seule indi-
quer, en les cachant, de plus déplorables
désordres. Ce sont ceux que la calomnie
des enfers impute à la reine; ce sont eux
dont elle répartit la honte solidaire à son
fils. D'abord, en écoutant cet incroyable
reproche, l'enfant n'y peut saisir que des
mots sans idées et un raisonnement sans
objet. Comment son heureuse inexpérience admettrait-elle une imposture
sans vraisemblance, un fait sans possi-
bilité? Mais éclairé bientôt par ces lumières prématurées dont le ciel illumine

ses favoris, il commence à pénétrer la noirceur de l'accusation ; et en même temps qu'il en comprend la turpitude, il en reconnaît la méchanceté. De si étranges idéesprovoquent en lui des sentimens inouïs : il afflue, dans cette âme vierge et royale, un je ne sais quel mélange impur de honte et de douleur, fruits amers d'une odieuse révélation. Leprince, pâle d'abord et tremblant, sent une chaleur pudique rougir son visage, et la fièvre d'une indignation sainte précipiter les battemens de son cœur. Soudain aux réponses que la malice arrachait à son ingénuité, il fait succéder un silence, dont rien ne saurait vaincre l'opiniâtreté. Confus, immobile, les yeux fermés et les lèvres frémissantes, tremblant de compromettre sa mère par son silence, ou de l'accuser parses discours, il éprouve la plus cruelle anxiété. Des pleurs rares et amers s'échappent de ses paupières, et de longs sanglots fatiguent son sein. Qui n'eût été ému de ce spectacle !

Hébert ne le fut point. Feignant de prendre pour des aveux cette inflexible taciturnité, il étaie de ce témoignage muet son accusation calomnieuse. Deux satellites effrontés osent le fortifier du leur; et leurs mains mercenaires, guidant avec violence la main du noble enfant, ils chargent son innocence de contrister les derniers jours d'une reine et de déshonorer son échafaud..

QUINZIÈME NOCTURNE.

Resté seul, que devient Louis? S'il était un enfant ordinaire, il gémirait, pleurerait et s'endormirait. Mais la nature, qui le doua d'une sagacité précoce, est fécondée en lui par le malheur : c'est à l'école du malheur qu'il reçoit une éducation sévère, dont chaque leçon mûrit son âme et dispose aux plus hautes méditations son intelligence prématurée. Dans cette circonstance, tout a concouru pour le faire pâlir ; tout se réunit pour qu'il tourne la souffrance au profit de la réflexion. Trop ingénu pour pénétrer dans le dédale d'iniquités dont la scélératesse l'a rendu l'artisan involontaire, il ne démêle point par quelles infernales tortuosités l'on veut égarer sa malheureuse mère ; mais il comprend qu'on veut la perdre, qu'on la perdra, et

que la violence l'a rendu, lui son fils
respectueux et tendre, l'instrument de
sa perte. A cette pensée, un sentiment
d'angoisse comprime son cœur aimant :
les sanglots qui s'échappent de sa poitrine témoignent seuls son existence ; et
bientôt elle lui serait arrachée par la
douleur, si d'abondantes larmes n'amol-
lissaient l'aridité de ces poignantes émotions. Toutefois, dans cette anxiété
meurtrière, un souvenir le protége, un
sentiment le console. Quoique jeune et
sans défense, il n'a cédé ni aux menaces
ni à la peur; et tandis que des infâmes
abusaient de leurs forces contre sa faiblesse, son silence protestait contre leur
turpitude, et sa main, rebroussant
d'horreur, signait dans un blasphême
parricide leur opprobre et leur condamnation.

Ce témoignage de la conscience armée contre l'oppression fortifie aisément
l'opprimé, quand il peut opposer à l'oppresseur l'énergie de la santé et la vigueur

de l'âge. Mais que son innocence est un frêle bouclier contre les infirmités de l'enfance! Comme un jeune myrte, dont la tige isolée et fragile qui disperse aux souffles des ouragans ses fleurs délicates, recevrait du soutien offert à sa faiblesse, une existence plus assurée, mais la voit peu à peu affaiblie et s'évanouir bientôt, si l'on le prive de ce tutélaire appui; ainsi le prince, abandonné de ces protecteurs que le ciel avait donnés à son infortune, s'intimide, se trouble, se décourage, et n'aura bientôt plus de vie que pour sentir le malheur.

Au milieu de ce délaissement, un revers plus grand l'attendait encore. Jusqu'alors accoutumé à la figure sinistre, aux procédés vils ou grossiers de ses gardiens, il s'était fait un besoin de les revoir à des heures indiquées, de recevoir d'eux quelques soins, de leur donner les siens; et, dans la situation déplorable où le sort l'avait réduit, un tel besoin était presque un plaisir. Ce plaisir même lui est subitement enlevé. Depuis l'instant fatal où l'égoïsme, devenu méchanceté, a changé le fils plein d'amour en délateur plein de perfidie, trois fois le soleil a doré le donjon du Temple, et nulle créature humaine n'a consolé de sa présence les regards du jeune prisonnier. Seulement aux trois époques de la journée, où les mêmes heures rappellent et ramènent les mêmes besoins, la porte, obéissant à une main invisible, roule en grondant sur ses gonds, et introduit sur son seuil un chien porteur d'alimens indispensables. Ce chien est un dogue puissant et muet, dont la tyrannie subalterne, qui le fit son auxiliaire, employa l'industrie, et qui bientôt rappelé par l'instinct maternel vers les petits qu'il allaite, répondrait par de dangereuses morsures à d'imprudentes caresses. Tel est le nouveau messager par lequel les Simons communiquent avec leur roi; et quand, épouvanté de son premier aspect, Louis a voulu faire

entendre de justes plaintes; on lui a répondu par un silence absolu.

Vers le terme de la troisième journée
enfin, un instant après que le chien eut
déposé à la porte les alimens du soir, les
Simons se présentent accompagnés d'un
inconnu, qu'aux instrumens dont ses
mains sont armées, l'enfant reconnaît
pour un architecte. Un cri lui échappe
soudain : cri de surprise, dé frayeur, et
faut-il le dire? d'espoir et de joie. Mais
les regards des geôliers ont bientôt repoussé ces sentimens, que leur présence
a fait naître. Et quand, dans la simplicité
d'un cœur sans fiel, l'enfant s'élance vers
eux et leur sourit, d'un bras tout à la fois
menaçant et dédaigneux, ils arrêtent son
transport et repoussent ses caresses.
L'effroi glace alors ce sein facile à émou-
voir, et la pâleur couvre ce front coloré
par l'espérance. Mais que devient l'infortuné, lorsque de cet accent toujours
rauque et emporté, mais en ce moment
plus féroce encore, Simon commande

à l'ouvrier d'élever entre le prisonnier
et le reste du monde un mur insurmontable? A cet ordre affreux, un froid
mortel court dans les veines du jeune
roi : par un souvenir rapide et terrible,
il se retrace le malheureux Ugolin, dont
les chants mystérieux du Dante lui ont
révélé le supplice ; et, comme ce père
déplorable, il se croit condamné à expirer de faim dans les cachots.

Rassure-toi cependant, cher et malheureux orphelin, non, tel n'est point
l'arrêt prononcé contre toi. Les monstres qui te proscrivent, raisonnent leur
scélératesse, en calculant ton existence.
Dans les maximes de leur fausse sagesse,
n'ont-ils pas décidé qu'elle te serait conservée, mais que chaque instant en serait marqué par la douleur? Et quelle
douleur plus intolérable pour un enfant,
que de végéter solitaire à l'ombre d'une
prison, sous la garde des verrous! Que
dis-je! solitaire! tu le fus jusqu'alors,
puisqu'aux flots sans cesse renaissans des

courtisans empressés qui entourèrent ton berceau, avaient succédé quelques geôliers farouches et des gardiens alternativement doucereux et revêches. Mais du moins ces gardiens et ces geôliers couvraient d'une forme humaine leur âme atroce ; dans leurs yeux allumés par des passions cruelles, ta douceur, ton ingénuité, tes grâces saisissaient quelquefois un éclair de sentiment ; et le naïf sourire qui épanouissait ta bouche et ton front, désarmait leur front austère, et appelait quelques douces paroles dans ces bouches accoutumées aux injures. Rien aujourd'hui ne tempérera la rigueur de ton sort : ce n'est plus à la solitude que l'on te condamne, c'est à l'isolement ; à l'isolement, le supplice le plus pénible pour l'homme social, le plus meurtrier pour un enfant ; à l'isolement, qui ravit tout appui à sa faiblesse, toutes ressources à ses besoins, toute espérance à ses désirs, et rompt tout à coup l'équilibre de ses naissantes facultés ; à l'isolement, qui arrache brusquement à la double vie de la nature et de l'amour un cœur qui palpitait pour croître et pour aimer ; qui l'enlève sans pitié aux cœurs sur lesquels il repose, le contraint à rentrer en soi, à y végéter comme une plante que l'aquilon désole sur un roc, et à rebrousser sans cesse vers la source d'une existence, qu'il lui eût été si doux d'épancher.

Tel, et plus affreux encore, sera le destin du jeune roi. D'abord, à l'ordre de Simon, il a répondu par des cris perçans, auxquels ont bientôt succédé des sanglots. Mais, à mesure que le mur s'élève, ses sanglots deviennent de plaintifs murmures, ses larmes s'arrêtent, il semble cesser d'être ému. Le voyez-vous immobile, pâle, silencieux, l'œil terne et fixé sur la clôture fatale ? L'horreur qui hérisse ses cheveux renaissans, entr'ouvre aussi sa bouche, et un tremblement convulsif agite par intervalles ses membres frémissans. Enfin, quand la

dernière dalle, circonscrivant un étroit
guichet, indique la fin du travail et le
commencement du supplice, l'enfant
paraît calme, reste sans mouvement, et
ne montre sur ses lèvres pâlissantes
qu'un amer sourire. Ainsi l'excès de sa
douleur semble en être le terme. C'est
alors que la mégère, dont les yeux se
repaissent lentement du tourment qu'elle
ordonne, élève, à travers le guichet, sa
voix odieuse et adresse à l'orphelin ces
exécrables mots : «Meurs dans ce bouge,
reptile venimeux, mais n'y meurs qu'a-
près avoir souffert ! Déjà la terre te portait avec horreur, puisque tu es le fils
d'un roi ; mais le ciel même te rejette
aujourd'hui, qu'aux torts de ta naissance,
tu as ajouté les crimes de ton éducation.
Puisse-tu, dans ce réduit trop doux pour
un monstre repoussé par les hommes,
vivre de tourmens prolongés et mourir
d'une lente agonie! Jamais tu n'expieras
le forfait d'un fils dénonciateur de sa
mère! » A ces foudroyantes paroles

(prodiges de calomnie et d'iniquité),
l'enfant stupéfait sent dissoudre le reste
de ses forces. Le mur s'achève, le guichet se ferme ; et aux insultantes railleries que les bourreaux prolongent contre
l'infortuné, il tombe sans mouvement
et sans couleur, et s'évanouit.

SEIZIÈME NOCTURNE.

PROVIDENCE! toi qui mesures le vent à la toison des brebis, délaisseras-tu cet innocent agneau? Non : tandis qu'une angoisse d'agonie presse sous la serre de la mort l'enfant infortuné, quelle bienfaisante créature, promenant sur son front pâle et glacé une langue caressante, le réchauffe de son souffle et le rend peu à peu au sentiment et à la vie? Honneur de l'instinct, que l'on croit aveugle! honte de la raison, qui se juge lumineuse! c'est un chien, pourquoi hésiterais-je de le dire? Accoutumé à suivre sa mère, quand celle-ci pourvoyait aux besoins de l'orphelin, il ne l'était pas moins à recevoir des mains de ce dernier des témoignages de souvenir et des preuves de sensibilité. La sienne, vivement émue par la situation de son jeune ami, s'exprime par des petits cris, par des mouvemens empressés, par une agitation tendre où la crainte se mêle à la joie. Il va, il vient, il tourne, il flaire, il saute, il aboie; dans son inquiétude, il gémit et se plaint; dans son impatience, il s'élance, il s'irrite, il appelle. Tantôt il court à la porte nouvellement murée, tente de la gravir et retombe en murmurant; tantôt il se rapproche de ce corps, qui n'est plus inanimé, mais qui ne paie pas encore par des caresses les caresses qu'on lui prodigue. Aussitôt cependant que le prince entr'ouvre les yeux, le chien attentif redouble son émotion : elle devient transport, elle se change en enthousiasme, quand les mains ranimées de l'enfant s'allongent sur sa tête, et que cette bouche si pure dépose sur la laine qui la hérisse des baisers reconnaissans. C'est alors que tous deux confondent les étreintes d'une tendresse mutuelle : l'allégresse de l'un se manifeste par de bruyans éclats; l'au-

tre soulage sa peine par des larmes , et
songe, en les répandant , qu'un jeune
chien est l'unique ami d'un jeune roi.

La nuit les surprit ainsi ; et déjà le
sommeil épanchait sur les yeux du prince
ses pavots consolateurs , lorsqu'au léger
frémissement d'un oiseau qui , par la lu-
carne maillée du cachot , s'élançait en
gazouillant , l'orphelin se lève étonné ,
presque joyeux , et suit de toute l'avidité de ses regards ce vol qui l'intéresse.
L'obscurité, qui, descendue sur la terre ,
commençait à épaissir de ses ombres
l'ombre de ce réduit , permet à peine de
distinguer , aux courbes qu'elle décrit ;
une svelte et vive hirondelle. Le prince
la reconnaît toutefois : (et avec quelle
émotion !) quand, posée sur le débris
saillant d'une corniche, il croit entendre
dans un chant monotone l'accent qui
lui fut familier. A cet indice , il soupire,
s'attendrit, et hasarde le signal par lequel, avant qu'il fût séparé de sa famille,
il appelait une hirondelle que sa sœur

avait élevée. Si c'était elle! et si, par
cette officieuse messagère, il pouvait apprendre!.... Mais c'est elle en effet. Au
signal deux fois répété, elle prend l'essor, accourt à tire d'aile, et, placée sur
l'épaule de Louis, elle fredonne son mélancolique refrain. Oh! que les pleurs
qui mouillent la paupière du prisonnier
sont délicieux! Ils sont plus doux encore,
lorsqu'aux derniers reflets du crépuscule, il découvre, il saisit sous l'aile de
l'oiseau une légère banderole suspen-
due à des cheveux, qu'à leur beauté il
ne peut méconnaître. « *Je suis près de
vous, je vous aime!* » Voilà ses caractères, et voilà ses cheveux! Voilà surtout
ses sentimens et son cœur !.. Après avoir
pleuré d'aise, l'enfant gémit, en pensant
qu'il ne peut à son tour expliquer sa
tendresse et sa destinée. Cependant le
livre sacré, qu'on ne lui a point ravi, offre
à son industrie quelques feuilles libres
d'un vélin blanc et pur. Il en choisit une,
la divise, l'amincit en long ruban, sur

lequel, d'une plume offerte par l'hirondelle, il trace avec son sang : « *Et moi aussi, je souffre près de toi! et moi aussi, je t'aime!* » En écrivant ces mots, il relit ceux qu'il tient d'une main chérie, et regrette qu'aux sentimens de la tendresse ils ne réunissent pas le langage de la familiarité. Cette réflexion lui rappelle qu'il est roi; et, songeant à la couronne d'épines léguée par son père, il pose tristement sa tête sur sa couche, et s'endort, le chien à ses pieds. L'hirondelle, chargée du fraternel message, avait repris son essor et disparaissait en gazouillant.

DIX-SEPTIÈME NOCTURNE.

En cette nuit, l'enfant dormit d'un sommeil profond et doux. Fut-ce un songe qui berça son repos? Était-ce une vision qui embellit son réveil? Anges du Seigneur, vous le savez! Et vous, ténébreuses puissances, qui souleviez jusqu'aux bords de l'abîme toute la lie des enfers, vous ne l'ignorâtes point! Mais alors, Louis séquestré des hommes par la méchanceté des hommes mêmes, n'appartenait plus qu'au malheur. Il avait souffert, il souffrait encore ; il régnait sur les cœurs par la pitié; l'oracle de l'Éternel s'accomplissait, et déjà commençait l'ère de cet empire pastoral promis aux lis dans sa personne, qui, semblable à la plante balsamique des montagnes, s'élançait pour fleurir dans les cieux.

L'airain du Temple vibrait pour la

douzième fois, et les sentinelles renou-
velées frappaient de leurs pas égaux les
voûtes retentissantes. Tout était calme,
silencieux, solennel ; tout dormait ou
semblait dormir. Mais, tandis que des
rêves horribles tenaillaient les bourreaux, un doux songe enchantait la victime. Était-ce pourtant un songe que
cette féerie mystérieuse, dont le charme,
transportant dans un étroit et noir cachot la vaste fraîcheur des bocages, ré-
jouissait par l'aspect des fleurs le réveil
du roi, comme il avait, de leurs émanations suaves, parfumé son sommeil ?
En effet, après un long et paisible repos,
Louis ouvre les yeux ; et l'éclat tempéré
d'une douce lumière s'insinue mollement dans cet organe depuis long-temps
fatigué. Avec cette clarté tranquille,
avec l'air pur, dont le souffle attiédi le
caresse de l'esprit des fleurs, la confiance
et la joie rentrent dans le cœur de l'enfant. Étonné, il se lève, et sent circuler
dans ses membres une vigueur incon-

nue. Promenant autour de lui des regards enchantés, il veut se prouver, en
les touchant, que ces objets nouveaux
ne sont point une décevante illusion.
L'espace qu'il parcourt semble vaste
par l'habileté des développemens, par
la magie des perspectives; mais ces as-
pects sont uniquement pour le plaisir des
yeux; celui des mouvemens est circons-
crit dans des espaces plus bornés. Tandis que d'immenses horizons déploient à
l'infini leur fictive étendue, le prince
sent ses pas arrêtés par des limites qu'il
ne saurait franchir. Ici, c'est un roc es-
carpé, dont les flancs revêtus de mousse
et de fleurs font jaillir des sources mur-
murantes; là, c'est un lac tranquille,
qui peint dans son immobile miroir l'azur
serein des cieux; ailleurs, ce sont de
petites prairies, toutes semées de fleurs,
ou de flexibles arbustes arrondis en ber-
ceaux, ou des groupes imposans d'arbres
majestueux qui balancent dans les nues
leurs cimes orgueilleuses.

C'est à l'ombre d'un chêne touffu que le jeune roi, qui errait sans projet, découvrit le seul habitant de ce céleste paysage. C'était un adolescent, à qui le calme de sa belle physionomie, la gravité de son attitude, donnaient un caractère viril. Il lisait avec recueillement, et chaque mouvement décrit dans le livre se réfléchissait sur ses traits ingénus. En voyant Louis un peu timide, il sourit tendrement, lui tendit une main encourageante, et l'embrassa. Oh! que ce baiser fraternel fit de bien à l'enfant! Comme il épanouit son cœur, en l'échauffant d'une flamme divine! Par elle s'évanouirent, tels qu'une vapeur légère, tous les souvenirs douloureux, tous les soucis rongeurs, toutes les inquiétantes sollicitudes. La plus douce, la plus intime confiance s'établit entre ces deux charmantes créatures. L'étranger semblait compter à peine quinze années; mais sur son front, ombragé de flottans anneaux d'ébène, on démêlait

déjà la réflexion et l'expérience. Le volume qui occupait son attention, était
l'histoire merveilleuse d'un fils que la
sagesse conduit, à travers l'océan et les
malheurs, à la recherche de son père.
Ses voyages, chantés sur la pieuse lyre
d'un pontife, charmaient naguère encore
l'enfantine curiosité de Louis; mais depuis que le malheur, comme un météore
sanglant, s'était levé sur son berceau,
on l'avait séparé de Télémaque. Il le retrouvait, et trouvait avec lui une autre
Minerve, plus jeune et non moins tutélaire que celle du fils d'Ulysse. Tous
deux, assis sur un banc de mousse, caressés de l'haleine parfumée du zéphyr,
commencèrent une intéressante lecture.
La main de l'aimable inconnu pressait
mollement celle du prince appuyé sur
son sein. L'un lisait à demi-voix, l'autre
suivait de l'œil : tous les sentimens décrits dans le livre étaient exprimés et
sentis. A chaque instant la paupière de
l'enfant se mouillait de larmes; à chaque

instant une réflexion de l'écrivain, et mieux encore une parole du lecteur, ramenaient le sourire. Par un prestige, que je raconte sans l'expliquer, à mesure que la paix et le bonheur reprenaient dans l'âme de Louis leur doux empire, ses yeux, chargés d'une vapeur aérienne, se fermaient lentement, puis se rouvraient pour se fermer encore. Enfin, penchant sur le sein de son compagnon une tête appesantie, il s'endort dans ses bras. En ce moment, le chien fidèle se glissait à leurs pieds; et la joyeuse hirondelle gazouillait sur leurs têtes. Ce fut le signal d'un concert exhalé de la cime verdoyante du chêne. Aux accords de cette ravissante symphonie, on eût dit que chaque feuille devenait mélodieuse, ou que les anges enchantaient le ciel de leur divine harmonie.

DIX-HUITIÈME NOCTURNE.

C'était le temps où Robespierre, tout gorgé du plus pur sang français, cimentait avec du sang le trône de fer d'où il écrasait la France. Tout semblait concourir à ses odieuses prospérités. La vertu était aux fers, le talent dénoncé, l'illustration punie. Un ramas d'étrangers dévorait la patrie; et, sur les ruines fumantes des factions, la faction du sang régnait par la terreur. Cependant la patrie gémissante s'était réfugiée dans les camps : les héros chantaient sous la tente les hymnes de la liberté, tandis que le sénat hurlait le chant des cannibales. Ainsi nous cachions sous des lauriers nos blessures profondes, et la gloire nous consolait du malheur.

Tel était le spectacle que la terre offrait au ciel, quand tout le ciel fut remué

par un spectacle moins atroce peut-être,
mais plus criminel. Au plus beau jour
de la saison la plus riante, on vit le tyran, couronné de roses, présenter au
Dieu de la nature les vœux de la société
indignée. L'encens religieux fuma entre
la sape qui brisait l'autel, et la hache
qui moissonnait ses ministres. Vous ne
fûtes pas témoin de ces pompes hypocrites, douce pastourelle de Nanterre,
dont une main accoutumée au meurtre
venait de briser la houlette ! Éplorée,
vous ramassâtes ses champêtres débris ;
et, les déposant aux pieds du Dieu de
Ruth et de Séphora, vous gardâtes le
silence. Mais qu'il fut éloquent ce silence
de la douleur ! Toutes les sacrées hiérar-
chies frémirent, et des larmes coulèrent
des yeux de Marie. Alors il se manifesta
un indicible mouvement dans le ciel.
La voix du tabernacle fulmina des paroles de justice, et l'encensoir s'éteignit
sous la main du tyran. Les sages de la
terre comprirent, dès ce moment, qu'il

était abandonné à la vengeance ; et ses
ennemis affilèrent en secret le poignard
qui devait le punir.

Il luit enfin le jour de colère ! il luit,
chargé d'orages, éclairé par la foudre. Au
signal du courage cent cris accusateurs
répondent, bientôt suivis de mille cris.
Vainement veut-il se défendre, le monstre qu'on attaque ; on dénie la parole au
cruel qui étouffa dans le sang les paroles
de la vertu. Le sang aussi le suffoque :
c'est celui de Danton, celui de Ver-
gniaud, celui du roi ; c'est celui des innombrables victimes de ses fureurs. Au
pied de cette tribune, d'où il commandait le supplice, et où son supplice se
réclame ; autour de ce trône populaire,
dont il voudrait se faire un rempart,
elles s'élèvent, elles apparaissent, elles
se précipitent en foule, ces ombres plain-
tives et ensanglantées ; elles implorent
son châtiment. Pourquoi chercher à
fuir, à leur échapper ? Échapperais-tu
d'ailleurs à la main de Dieu étendue sur

toi ? Lève ces yeux obscurcis des pleurs de la rage : voilà, voilà ce glaive, qu'un songe véridique te montra acéré contre toi ! Il se balance sur ta tête, vibré par une main sûre ; et, comme de lui-même, il se darde contre ton cœur !.... Ainsi, pour châtier l'assassin hypocrite, la justice ressemble à la vengeance, et le prestige d'un rêve a prophétisé la vérité. Le tyran meurt, la France respire, l'univers applaudit ; la Providence est justifiée.

DIX-NEUVIÈME NOCTURNE.

LE sommeil de Louis avait été profond ;
son réveil fut doux. En ouvrant les yeux,
il put les promener dans un appartement
dont la décoration simple et gaie devait
les réjouir. Ce n'était ni le cachot sombre où la tyrannie l'avait condamné à
expirer, ni le magique paysage dont
une bienfaisante illusion avait enchanté
ses sens et ses esprits : c'était un lieu
préparé par des mains réparatrices, où
l'élégance se joignait à la commodité,
où l'utile s'offrait sous des formes agréables. Le jeune roi, seul encore, par-
courut avec satisfaction ce nouveau séjour ; il en examina la distribution avec
curiosité, et les meubles avec intérêt.
Mais combien augmenta ce dernier sentiment, lorsqu'à la clarté veloutée de

l'aube blanchissante, il reconnut, dans des tableaux pittoresquement suspendus, les images de sa famille ! ici, sur une physionomie pleine de bienfaisance et de sérénité, les traits d'un père trop malheureux ; là, dans une attitude noble, et sur un front où les grâces tempéraient la majesté, ceux d'une mère encore plus infortunée ; entre eux, les nobles et douces figures de deux vierges royales, dont l'une, au printemps de ses jours, rayonnait sous les palmes du martyre, et dont l'autre, pâle rose à peine épanouie, croissait humectée des larmes de la douleur. Au-dessous de ces portraits, des boutons de lis et de blanches marguerites fleurissaient dans des vases d'albâtre ; et, ce que le prince remarqua avec attendrissement, mais avec surprise, une harpe accordée, qu'il reconnut pour être celle de la reine, semblait solliciter la main d'un artiste. Un jour doux, se jouant dans les ondes colorées des draperies, éclairait ces objets ; et l'œil, à travers le cristal des vitres, pouvait s'égarer sur des corbeilles de fleurs et dans des bosquets de riante verdure.

Du songe qui venait de bercer l'enfant royal, et par lequel il avait passé pour arriver à cette agréable réalité, il ne lui restait que l'attachant volume où le génie le plus riche, inspiré par l'âme la plus tendre, a consacré les infortunes, les épreuves et les vertus de Télémaque. En lisant ses aventures, le fils de Louis se comparait au fils d'Ulysse : il croyait démêler dans son cœur la candeur et le courage du héros d'Ithaque ; surtout il s'en croyait la sensibilité, et gémissait de n'avoir pas, comme lui, un père à délivrer. Oh ! si son père vivait encore et respirait dans les fers ! si lui, son fils, voyait tomber les siens ! avec quel enthousiasme il ferait éclater l'énergie, la constance de sa piété filiale ! Quel bonheur de confondre les traîtres, de l'arra-

cher aux sicaires, de le rendre à la liberté! Ah! s'il faut en croire les derniers
vœux du roi, ce ne serait pas pour re-
conquérir le trône qu'il voudrait de
cette liberté chérie; il ne l'emploierait
qu'à oublier, dans le calme des plaisirs
champêtres, les orages du pouvoir; et,
par la bienfaisance et l'obscurité, qu'à
se faire pardonner ses malheurs. Mais il
n'est plus, ce monarque déplorable; il
est mort, ce père infortuné! et des larmes pieuses sont les premiers tributs
que son fils doive à sa mémoire. Peut-
être un jour la clémence lui en paiera-
t-elle de plus saints.

Ces intéressans détails occupèrent la
journée. A l'heure des repas, une porte
s'ouvrit, et montra, dans une salle modeste, la table couverte de mets recherchés. Le chien fidèle marcha devant le
prince, qui s'assit avec une inquiète curiosité; et ce sentiment n'était point sans
douceur. A l'instant même, en levant

lés yeux sur une glace qui reproduisait son nouvel appartement, Louis aperçut une jeune et belle créature debout à ses côtés, et qui, l'affabilité sur le front, semblait provoquer ses désirs et attendre ses ordres. Il le reconnut soudain pour le mystérieux adolescent de sa vision; et, le cœur plein de joie, il se leva et voulut l'embrasser. Mais l'inconnu s'en défendit avec respect; et, après lui avoir baisé la main sans parler, il continua à le servir en silence. Au retour du crépuscule, tous deux rentrèrent dans la chambre du prince, que son compagnon fit coucher. Alors s'alluma, comme d'elle-même, une flamme odorante qui, de l'urne d'albâtre où elle luisait, épancha sa clarté argentée. Aux reflets dont elle blanchissait les objets, Louis vit son aimable et taciturne gardien s'approcher de la harpe et la saisir. Bientôt il l'entendit préluder avec plus d'élégance que de méthode, et marier aux accords d'une suave harmo-

nie ces tendres et mélancoliques accens (1) :

> Un brillant parterre de fleurs
> Faisait ma gloire et mes richesses;
> Le soleil teignait leurs couleurs ,
> Zéphir leur donnait ses caresses :
> La Rose sur le sein du Lys ,
> Balançait sa coupe vermeille ,
> Et leurs calices réunis
> Du parterre était la merveille.
>
> Mais dans la brûlante saison ,
> Un jour le plus terrible orage ,
> Soufflé par un noir aquilon ,
> Sur mes fleurs porta son ravage :
> La Rose , sur le sein du Lis ,
> Inclina sa coupe flétrie...
> Et leurs calices réunis
> Ensemble perdirent la vie.
>
> Pour moi , qui mettais mon bonheur
> A soigner leur douce culture ,

(1) Romances royales , paroles de *J. J. Regnault de Warin* , musique de *Ch. d'Ennery* , auteur de la musique des romances du *Cimetière de la Madeleine* : première romance. (Voyez à la fin de ce volume les airs notés avec l'accompagnement.)

Depuis cet instant de douleur,
Rien ne me plaît dans la nature:
Je vois encore près du Lis
La Rose expirante et flétrie...
Puisqu'ils moururent réunis;
Devais-je conserver la vie !

VINGTIÈME NOCTURNE.

De cette époque, tout a changé pour l'orphelin : l'aspect des voûtes assombries ou des murailles dépouillées ne fatigue plus ses yeux, ils ne sont plus contristés ; son cœur n'est plus meurtri par la vue de ses bourreaux. Des vêtemens commodes lui ont été rendus ; on offre à ses goûts renaissans des alimens sains et des mets flatteurs ; on procure à ses jeunes sens des jouissances innocentes qui les développent, en les contentant. Des serviteurs affables préviennent ses désirs ou les satisfont ; à leur zèle, il reconnaît leur dévouement ; par la délicatesse de leur langage, il commence à retrouver l'amitié.

Mais *Éloïm* seul lui en faisait goûter toutes les délices. Ce mystérieux inconnu, qu'une vision avait montré au prince, mais dont tout constatait alors la réalité, ne quittait pas son pupille ; et, par de tendres soins, il diminuait le sentiment de ses peines passées, il augmentait celui de ses plaisirs présens. Il n'est point de douleur que l'amitié ne tempère, il n'est pas de joie qu'elle n'exalte ; par la confiance qu'elle inspire, tout intéresse, tout plaît, rien n'est indifférent. Le prince commençait à aimer sa vie, depuis que son jeune ami la partageait.

Éloïm était jeune, sans doute, mais il était sage, et ne montrait de l'adolescence que les aimables vertus. D'une voix douce et déjà mâle, il conseillait le bien avec autorité, il garantissait du mal avec précaution. Ami des plaisirs honnêtes, il en charmait la solitude de Louis, et remplissait d'occupations tour à tour agréables ou utiles ses loisirs prolongés. Doué des plus rares talens, excellant dans les arts, il enchantait de leurs productions ce séjour devenu bienheureux : sous son pinceau délicat l'on voyait éclore la rose purpurine ou mûrir la grappe bronzée ; de ses doigts harmonieux s'exhalaient en ravissans accords les sons majestueux de la harpe ou les tendres soupirs de la flûte. Surtout il se plaisait à nourrir de prudens préceptes l'inexpérience de l'enfant : il élevait son âme par l'entretien des poëtes illustres ; il éclairait son intelligence par les lumières des savans distingués. Vous présidiez à ces conférences, chantre aimable d'un Télémaque fabuleux, sage et doux instituteur d'un Télémaque français ! Et vous, pieux contemplateur du cœur des grands, éloquent Massillon, vous répétâtes souvent au proscrit destiné à régner, les leçons que vous faisiez retentir aux oreilles de son aïeul, quand il régnait déjà.

Ce fut par Éloïm que le jeune roi connut la grande catastrophe qui laissait respirer la France. A la nouvelle de la mort tragique de Simon, il soupira et dit : J'ai pensé quelquefois que je le ferais punir pour l'exemple; mais, si j'eusse régné, je sens que je lui aurais pardonné.

Un cœur aimant, un naturel doux, peuvent seuls inspirer de tels sentimens; mais ils deviennent plus sûrs, quand ils ont la religion pour garantie. Éloïm infusait dans cette âme royale l'esprit de notre religion sainte; qu'est-ce en effet que l'obscure analyse de ses dogmes mystérieux, qu'est-ce que le spectacle de ses solennités, sans la connaissance intime, sans la victorieuse persuasion de sa morale? Toutes les religions ont leurs mystères, disait Éloïm, tous les cultes déploient l'ordre de leur hiérarchie, la prudence de leur discipline, la pompe de leurs cérémonies; mais si tout cet appareil suffit pour annoncer la religion, la morale seule la prouve et la justifie. C'est la morale que Dieu même enseignait au premier homme dans une première révélation. Ces préceptes sa-

crés, qu'il avait gravés dans son cœur et
fait couler dans ses veines avec son sang,
Moïse les grava sur l'airain, lorsque, par
une seconde révélation, il apprit aux
Juifs à abandonner la lettre pour l'esprit.
Enfin le doux Jésus, venu du ciel dans
une étable, apporta aux humains dégra-
dés la pure lumière d'une révélation
dernière et plus sublime. Ah! quel
cœur mal fait méconnaîtrait son céleste
caractère! Aimer Dieu et les hommes,
disait l'Homme-Dieu, c'est toute la loi.
Et il le disait aux puissans du siècle,
afin qu'ils fléchissent sous la main de
l'Éternel leurs fronts orgueilleux, afin
qu'ils amollissent au feu de la charité leurs
cœurs endurcis. Aimez-vous les uns les
autres, ajoutait-il; priez ensemble, et
je serai au milieu de vous. Laissez venir
à moi les petits enfans!... Enfans, obéis-
sez à vos pères; femmes, soyez aimantes et dociles avec vos époux. Re-
poussez les haines dans l'enfer, d'où elles
sortent, et faites-vous un paradis sur la

terre par l'indulgence et par l'amour.
Par l'indulgence! pourrait-on vivre sans
se supporter, et quelquefois sans se pardonner? O clémence céleste prêchée par
Jésus, et qui justifie son apostolat! Il
prescrivit le pardon des injures, et leur
oubli bien autrement difficile; il embrassa ses ennemis, recommanda l'union
à ses disciples, et mourut en bénissant
ses bourreaux. Toute morale découle de
ses préceptes, toute morale s'appuie sur
son exemple; et la religion n'est qu'une
forme sensible donnée à sa morale. Heureux le peuple qui la pratique! Béni
soit le prince qui lui en donne l'exemple!

Louis recueillait dans sa mémoire,
il consacrait dans son cœur les leçons
d'Éloïm, et se promettait d'en faire usage,
si le ciel l'appelait à régner. Mais, lorsqu'il parlait ainsi, son jeune compagnon
souriait avec mélancolie; puis, attachant sur lui des yeux remplis de tristesse, il soupirait profondément.

VINGT-UNIÈME NOCTURNE.

Une existence si tranquille rendit le calme à cette jeune âme désolée. Avec la sérénité du cœur et ce contentement secret qui fait la vie, revinrent l'appétit, le sommeil et la santé. Age heureux, où les chagrins de la veille sont oubliés le lendemain, et où le demi-sourire de l'espérance sèche toutes les larmes de la douleur ! Celle du prince s'éteignit par degrés ; aux soucis rongeurs qui pâlissaient son front, succéda une douce et tendre mélancolie. Il ne soupirait plus avec effort, il ne pleurait plus avec amertume ; mais des soupirs faciles s'exhalaient de son sein ; mais quelquefois seulement des pleurs coulaient de ses yeux. De tristes souvenirs occupaient sa pensée et l'obscurcissaient encore ; mais l'espoir d'un meilleur avenir les avait

bientôt éclaircis. Il chérissait ce sentiment intime qui n'est plus la douleur,
qui n'est pas encore la joie, mais qui
participe de l'une et de l'autre, et dispose l'âme à une sorte de volupté. Celle
que goûtait Louis se manifestait dans
son attitude paisible, dans son recueillement habituel, dans ses goûts déjà sérieux ; elle se réfléchissait sur sa physionomie naïve, où le sourire de la
béatitude se mariait à des regards profondément attendris. Éloïm le surprenait
souvent dans la posture de la réflexion :
il l'embrassait alors ; et, se conformant
à ses penchans mélancoliques, il s'as-
seyait près de lui, pressait sur son cœur
la main de l'enfant, et demeurait en
silence. A l'immobilité de leur attitude,
à la beauté de leurs figures, on eût dit
les antiques statues de Castor et Pollux :
seulement l'adolescent Éloïm semblait
être l'aîné ; et, à la tendre compassion
peinte dans ses yeux, on voyait qu'il
était le protecteur de son frère.

Un jour, après lui avoir conté les tragiques revers de sa famille, il voulut lui faire connaître le testament du Roi. Le prince lut, avec une agitation qui tenait du délire, ce touchant écrit; puis, le couvrant de baisers pieux, l'inondant de larmes amères, il éprouva une commotion violente, suivie d'un spasme inquiétant. O le meilleur des pères! disait-il, après que, par les secours d'Éloïm, il eut retrouvé le sentiment, ô le plus doux des rois! c'est votre bonté, c'est votre patience qui vous ont perdu. Oh! si jamais j'ai le pouvoir!.... Louis avait proféré ces paroles avec un accent de vengeance et de menaces. Eh bien! interrompit Éloïm avec sévérité, que feriez-vous? — Ah! qu'il est aisé de pardonner, quand on est seul offensé! Le cœur l'inspire et la religion le commande; mais un fils peut-il pardonner la mort de son père innocent? — Il le doit, et par raison et par sentiment; s'il est prince, il le doit encore par une sage politique. — Comment cela? — Ceux qui, de leurs mains hardies, ont dressé l'échafaud d'un Roi, n'ont-ils pas pris ainsi l'engagement de soutenir par d'autres attentats cet attentat énorme, et de justifier le crime par le crime? — Il suffira donc d'être un grand scélérat, pour l'être impunément? — Qui vous a dit que les juges de votre père fussent tous des scélérats? — Ennemis acharnés, persécuteurs ardens, dénonciateurs atroces, accusateurs impudens, témoins !.... Et vous les appelez ses juges! — Ennemis acharnés, vous dites bien; ajoutez, ennemis par système, par opinion; vous dirai-je de quelques-uns, ennemis par devoir? Vous ne connaissez ni l'entraînement des passions, ni les tyrannies des factions, ni les sophismes meurtriers des partis. Je vous étonnerais beaucoup en vous parlant des combats livrés, dans l'âme de quelques régicides, entre leur conscience et leurs préjugés. Vous douteriez-vous qu'il en fut plus d'un que la douleur tourmenta, de plus nombreux que poussa la crainte, un nombre plus grand encore que le fanatisme échauffa de toutes ses fureurs? Je connais plus d'une famille dont ce vote aussi insensé que coupable, dont ce crime, qui fut une faute, a troublé pour jamais le repos. — Dites aussi dont il a pour jamais flétri l'honneur. — Eh bien! quel supplice reste-t-il à leur infliger?.... Ah! qu'elles sont terribles les erreurs de la conscience, et de quels funestes effets elles sont irrévocablement suivies! Le sang d'Abel fume encore au front de Caïn, et toutes les eaux du déluge n'ont pu l'effacer.

En ce moment, le fils de Louis; levant les yeux sur l'image de son père, crut lire sur ce visage vénérable la pénible expression du reproche. C'est qu'alors en effet, le Roi, prosterné devant le trône de Dieu, sollicitait de lui, qu'oubliant les malheurs de sa famille, pour ne se rappeler que de sa religieuse clé-

mence, cet enfant rouvrît son cœur à
l'indulgence et à la pitié. Éloïm conti-
nuait d'expliquer ce testament immortel, où un monarque, prêt à mourir innocent sur l'échafaud des criminels,
consacrait, par la religion, toutes les
vertus qui avaient honoré sa vie : d'a-
bord cette piété, aussi tendre qu'éclairée,
qui adore dans un Dieu le père commun
des hommes, qui révère dans l'église
leur mère indulgente, qui chérit dans
chacun d'eux notre frère et leur enfant ;
puis cet amour de la famille, duquel
l'amour de la patrie n'est que le généreux développement ; enfin cette philan-
thropie ardente qui des destins de l'humanité fait ses propres destins, augmente ses plaisirs, diminue ses malheurs
en les partageant, supporte l'erreur,
éprouve la reconnaissance, tempère le
mal par la résignation, et se rapproche
de la Toute-Bonté par le pardon et la
clémence.

Éloïm termina par la lecture du passage suivant l'analyse de ce monument de courage, de patriotisme, de tolérance et de charité.

« Je recommande à mon fils, s'il avait
» le malheur de devenir Roi, de songer
» qu'il se doit tout entier au bonheur
» de ses concitoyens; qu'il doit oublier
» toute haine et tout ressentiment, et
» nommément ce qui a rapport aux
» malheurs et aux chagrins que j'éprou-
» ve; qu'il ne peut faire le bonheur des
» peuples qu'en régnant selon les lois;
» mais, en même temps, qu'un Roi ne
» peut les faire respecter et faire le bien
» qui est dans son cœur, qu'autant qu'il
» a l'autorité nécessaire, et, qu'autre-
» ment, étant lié dans ses opérations,
» et n'inspirant point de respect, il est
» plus nuisible qu'utile. » (Testament
de Louis XVI, 12e. *alinéa*).

VINGT-DEUXIÈME NOCTURNE.

CEPENDANT les décrets de l'Éternel allaient s'accomplissant. Louis, prédestiné à partager au ciel le sceptre pastoral qui, dans les mains de Charlemagne, de saint Louis, du Père du Peuple et du Béarnais, protége et gouverne la France; Louis, atteint d'une langueur secrète, voit consumer dans la sérénité le reste de ses jours usés par la douleur. Un venin froid et lent circule dans ses veines, qu'elles glacent par degrés; il attaque à bas bruit, il décompose sourdement les ressorts délicats de sa frêle existence. Déjà la pâleur a blanchi ce front que l'adolescence commençait à ranimer de ses vives douleurs; déjà le sourire de cette bouche gracieuse est moins fréquent ou montre quelque tristesse; et déjà l'azur de ces yeux continuellement dirigés vers le ciel semble chercher dans leur azur un meilleur sort et une autre patrie.

Au spectacle touchant de ce bouton de lis, que l'orage avait courbé, que le calme semblait relever, et qui pourtant penche vers la tombe sa tête languissante, Éloïm, le doux et tendre Éloïm, ne saurait retenir ses larmes, et prodigue tous ses soins. Ses soins sont multipliés, recherchés, constans; ses larmes sont rares et secrètes. C'est lui, et c'est lui seul, qui, toujours debout au chevet de son frère, abrége par d'agréables distractions ces instans marqués par l'ennui. Son sourire, ou quelque parole aimable, adoucit l'amertume des breuvages que sa main présente; il charme de récits intéressans l'insomnie qui se prolonge, et berce le malade d'une espérance qu'il ne partage point. Non, il ne la partage point, et ne saurait la partager. Illuminé d'en haut, il a pénétré la cause du mal, en calcule les progrès, en presse les effets. Il n'ignore pas que, de cette terre humectée de sang, l'ange dont il est le gardien doit prendre bientôt son essor : c'est aux régions éternelles qu'une main amie dirigera son vol; et là, présenté comme un pur holocauste, il réconciliera le ciel avec la France, redevenue encore le séjour de la paix et des vertus.

Ces idées, qu'une prescience divine rend familières à Éloïm, causent en même temps sa tristesse et sa joie. Lui, dont l'âme est si aimante, comment ne se réjouirait-il pas du bonheur futur de la France et de son protégé? Mais comment aussi ne s'affligerait-il point des maux que la France endure, et du sacrifice prescrit pour les terminer? Toutes ses entrailles sont émues à l'image de la mort qui déjà étend sur une tête chérie son vol silencieux. Il mourra donc, il va mourir, celui qui devait vivre et régner! Et cette lampe, dont la lueur palpitante verse sur l'orphelin d'alternatifs reflets de lumière et d'obscurité; cette lampe qui s'éteint, prophétise son prochain trépas, et semble déjà éclairer un tombeau.

Bientôt le mal empire et montre un caractère étrange. Voyez-vous, sur ce lit douloureux, une figure pâle, silencieuse, immobile? On croirait la statue de la patience résignée. C'est le jeune prince, naguère vif et joyeux, maintenant tranquille et muet. Souffre-t-il? Dieu le sait. Il a les yeux fermés, la bouche sérieuse et close, la respiration douce et libre. On dirait qu'il dort ou qu'il médite. Voit-il, dans ses songes, un monde futur? Il semble avoir abandonné le monde présent. Aux sollicitations d'Éloïm, il se tait; à ses demandes, à ses prières, à ses caresses, il se tait et sourit. Il se tait encore, quand Éloïm pleure; mais alors il pose sur sa bouche un doigt mystérieux, et de l'autre main il indique le ciel.

Un prodige signala une des nuits de cette crise taciturne. La troisième heure,

annoncée par tous les beffrois, retentis-
sait encore, et déjà l'aube teignait de
ses lueurs blanchissantes le sombre azur
de l'orient. Éloïm, agenouillé sur l'es-
trade du lit, priait en contemplant le
malade assoupi. Soudain des baumes
célestes s'exhalent; la lampe ravive sa
défaillante clarté, à laquelle succède une
rosée lumineuse, charme des yeux. Peu
à peu s'amortit cette splendeur éthérée,
que remplace une mélancolique obscurité. Par un inexplicable prestige, la
demeure du prince semble changée en
un vaste et magnifique paysage. Sur quel
point du globe l'illusion l'a-t-elle transporté? Ces colossales forêts d'arbres in-
connus, d'où sortent, avec de délecta-
bles senteurs, mille murmures harmonieux, sont-elles les palmiers de la douce
Louisiane, les cèdres du Liban antique,
ou les chênes de la Gaule mystérieuse?
Toutes les constellations épanchent sur
leurs faîtes un reflet virginal; et le berceau du Roi, suspendu à leurs branches

par des lianes en fleurs , est mollement
balancé par une brise parfumée. Plongé
dans cet enchantement, il craint d'ouvrir les yeux , et se recueille pour en
savourer toutes les délices. Mais des accords lointains donnent à ses sens d'autres émotions, promettent à son âme de
nouveaux plaisirs. Ces accords , semblables aux souffles magiques qui , sur le
sommet des rocs calédoniens , erraient
parmi les cordes sonores de la harpe
d'Ossian; ces accords, d'abord lointains,
se rapprochent par degrés , et semblent
planer dans les airs. Elle est solennelle
comme l'heure, cette nocturne harmonie,
vague comme l'espace , funèbre comme
la nuit. On dirait qu'aux glas lugubres
de la mort se mêlent les longs gémissemens du deuil , et ces sourds bruissemens
qui murmurent au creux des tombeaux.
Mais bientôt un vaste silence calme et semble occuper l'étendue. Tout est muet, immobile, attentif, et la forêt, et les vents ,
et les étoiles resplendissantes. Alors ,

une voix religieuse entonne l'hymne du veuvage : Louis frémit dans son berceau ; et le fidèle Éloïm, confident affligé de ces scènes enchantées, Éloïm marie à ces tristes accens les sons de sa harpe mouillée par ses pleurs :

> Oh ! qui peut calmer de ma vie (1)
> Et les regrets et le tourment !
> Qui peut dans mon âme flétrie
> Faire éclore un doux sentiment?
> C'est toi, dont l'image adorée
> Vit et respire dans mon cœur ;
> Et, sous une chaîne abhorrée ,
> M'a rendu l'ombre du bonheur.

Aux premiers accens d'une voix qui lui est si connue, le fils d'Antoinette s'est réveillé comme d'un sommeil profond. Sur sa physionomie expressive et mobile se réfléchissent successivement la surprise, l'incertitude et la joie. Quoi ! sa mère lui serait rendue !... Voilà les sons de cet organe enchanteur, qu'on n'oubliait point dès qu'on l'avait enten-

(1) Romances Royales , N°. 2 de la musique.

11

du, et qui retentissent sur le cœur d'un
fils, comme retentit au cœur des bienheureux la symphonie des cithares d'or,
qui, de la première enceinte du sanctuaire, solennisent par un hymne sans
fin la gloire de l'Éternel.

Mais à cette émotion délicieuse succède bientôt de déchirantes sensations.
L'enfant, qui a reconnu sa mère, croit
l'avoir retrouvée. Il l'appelle de ses soupirs pressés; il la demande de ses cris.
De ses yeux enflammés par l'espoir il
cherche à la découvrir; dans ses bras
ranimés par l'amour il voudrait l'envelopper. De nouveaux chants suspen-
dent ces transports. Louis, élancé de son
lit, devient immobile. La poitrine élevée, les mains tendues au ciel, les yeux
dirigés vers la voix, il écoute, et semble
de ses lèvres entr'ouvertes, plus encore
que de ses oreilles attentives, recueillir
les sons qu'elle exhale :

> O Roi ! quand cette ignoble chaîne
> Chargea tes innocentes mains ,

Daignas-tu reprocher ta peine
A la cruauté des destins ?
Victime de la tyrannie ,
Tu tombas sous le coup mortel ,
Sans trouble et sans ignominie...
Ton échafaud fut un autel.

La douleur, l'indignation, qui saisissent l'âme du prince, s'expriment sur
ses traits en caractères non équivoques.
Des sanglots douloureux, interprètes de
ces sentimens, sont suivis d'un silence
religieux, durant lequel il porte vers le
ciel des regards inspirés. On voit qu'il se
propose moins de prier le martyr célé-
bré par la voix, qu'il ne se dispose à
devenir martyr lui - même. Viennent
maintenant les tyrans et leurs sicaires !
On est bien fort, quand on a l'innocence
pour appui, le ciel pour témoin, et un
père pour exemple.

Tel est aussi celui que donne la magnanime Antoinette. Cette reine superbe ,
que l'infortune put atteindre sans la
pouvoir humilier, chante, dans un troi-

sième couplet, moins ses malheurs que son courage. Celui de son fils en reçoit plus de forces. Cependant refuserait-il ses larmes aux gémissemens de l'amour conjugal, qui soupire dans un dernier chant ses plaintes et ses regrets?

> Et moi, ta royale complice,
> Je pourrais gémir sur ton sort !
> Je craindrais l'honneur du supplice,
> Et le bien d'une illustre mort !
> Non : je vivrai dans la mémoire ;
> Mon cœur ne fut point abattu
> Sous tes bourreaux régnant sans gloire,
> Ainsi qu'ils vivent sans vertu.
>
> Quand sur cette prison plaintive
> Le voile des nuits étendu
> Rend à mon âme fugitive
> Le doux repos qu'elle a perdu;
> Retrace-moi ta chère image ,
> Berce-moi d'une aimable erreur ;
> Que j'entende encor ton langage ,
> Je croirai renaître au bonheur.

Ici la scène, changeant de formes et d'aspect, déploya le spectacle le plus étrange et le plus solennel. Le paysage fantastique disparut, et fut remplacé par la demeure accoutumée de l'enfant, d'où, tandis que tout demeurait dans une ombre transparente, la couche et la personne resplendirent d'une vive clarté. Louis sembla dormir ; mais sur son visage, tout brillant d'une pénible sueur, on lisait les angoisses d'une prochaine agonie. Alors un mouvement mystérieux s'accomplit dans la nature supérieure. Dieu avait permis que les derniers momens du Roi, protégé par les anges, fussent livrés à Vultur ; et l'infernal génie, abusant d'un pouvoir emprunté, exerçait sur cette douce créature ce ministère de rigueur. Tout à coup il s'offre aux regards du mourant sous les formes les plus capables d'épouvanter son imagination, déjà si vivement ébranlée. Comme le Prothée de la Fable, c'est une onde mugissante qui va tout submerger, c'est une ardente fournaise prête à tout engloutir. Là, de grands

tigres .et d'énormes lions menacent le
prince de leurs griffes tranchantes, de
leurs gueules ensanglantées; ici, d'innombrables reptiles glissent et sifflent
autour de lui, qu'ils souillent d'une
fétide écume. Une tempête magique se
déclare : à la livide lueur des éclairs,
aux roulemens prolongés de la foudre,
aux craquemens effroyables de la terre ;
qui paraît se briser sur ses gonds, d'horribles fantômes apparaissent; ils errent
au chevet du malade, dont ils déchirent
l'oreille et glacent le cœur par leurs sinistres cris. Plongé dans cette mer de
souffrances, il se meurt mille fois et ne
saurait mourir. Éloïm qui, sous la pâleur
de ce front chéri, devine les tortures de
son frère, Éloïm, presque aussi pâle,
presque aussi souffrant, attend avec une
résignation religieuse le terme du supplice. Une main sur la poitrine du patient, il compte avec anxiété les battemens ralentis de son cœur, qu'il essaie
de ranimer par des élixirs vivifians. Mais

l'heure suprême a sonné, et l'instant arrive où le calme va succéder à cette tourmente. Le silence la remplace, bientôt interrompu par de célestes accords. Une harmonie aérienne remplit l'étendue illuminée de feux adoucis. Alors, sur un mode plus grave, la voix entonne ce chant religieux, auquel se marient, et que soutiennent les sons de la harpe frémissante sous les doigts d'Éloïm :

> Du haut des cieux, sur ta famille
> Veilles à jamais, ô Louis !
> Ta sœur, ton épouse et ta fille
> T'implorent pour un tendre fils !...
> Malgré les tyrans de la France,
> Juste Dieu, malgré ta rigueur,
> Il est encor son espérance ;
> Conserve-le pour son bonheur !

En cet instant, trois gerbes de lumière resplendissent sur la tête du jeune Roi. Il sourit, il ouvre des yeux sereins, et contemple avec ravissement la vision auguste dont l'Éternel le favorise. Pla-

nant sur des nuées de pourpre et de
vermeil, les ombres bienheureuses de sa
famille lui sont apparues : il les reconnaît, moins à la robe de neige qui revêt
leurs membres glorieux, qu'à la tendresse qui brille dans leurs regards. Une
vierge compatissante ; une reine superbe, un monarque débonnaire, sou-
rient à leur enfant et lui tendent les
bras. Appuyé sur celui d'Éloïm, il s'é-
lance, plein d'espoir et de désirs. C'en
est fait, royal infortuné, tu touches au
terme de tes revers ! Éloïm a dépouillé
l'enveloppe mortelle qui voilait sa substance éthérée : vainqueur de Vultur,
sur qui se referment en mugissant les
gouffres de l'enfer, il recueille sur ses
lèvres, il réchauffe dans son sein l'âme
pure qu'un martyr vient d'exhaler. Tout
le ciel se remplit de mélodie et de parfums. Régnez sur un trône de fleurs,
enfant couronné d'un diadème de roses,
et commandez à la France avec un
sceptre de lis ! C'est sous ce sceptre vé-

nérable et doux, que la patrie échappée,
toute sanglante, aux haches de l'anarchie, au joug d'airain du despotisme,
respirera heureuse et libre. Alors ses
troubadours pieux chanteront sur un air
antique la naïve romance de l'*Enfançon Royal*; et le captif, gémissant au
fond des cachots, s'endormira, plein
d'espoir, en invoquant L'ANGE DES PRI-
SONS.

ROYAL ENFANÇON (1).

Passais un soir près de triste prison,
Seul et sans bruit ; entends plaintif langage :
Prenez pitié du Royal Enfançon,
Que noir tyran fait gémir en servage.

Ai perdu tout ; insigne trahison
Causa la mort à noble parentage :
Qui prendra soin du Royal Enfançon,
Que noir tyran fait gémir en servage ?

Pauvre orphelin !.. Il pleure en ce donjon ;
Sœur avec lui souffre aussi l'esclavage...

(1) ROMANCES ROYALES, n°. 3 *de la musique* notée à
la fin.

Prenez pitié du Royal Enfançon ,
Que noir tyran fait gémir en servage.

N'ai que dix ans , connais peu la raison ;
Mais de douleur fais dur apprentissage :
Prenez pitié du Royal Enfançon ,
Que noir tyran fait gémir en servage.

Oh ! si jamais j'ai le pouvoir !...— Mais non;
Roi pardonna la mort et l'esclavage...
Et l'on dira : le Royal Enfançon
A su souffrir et pardonner l'outrage.

Veille sur nous , Dieu juste , Dieu si bon !
Et , pour souffrir , donne-nous le courage !
Ah ! prends pitié du Royal Enfançon ,
Que noir tyran fait gémir en servage !

L'enfant se tut. Glaive, d'un coup félon ,
Avec la vie arrêta son langage.....
Plus ne dira : Plaignez cet Enfançon ,
Que noir tyran fit gémir en servage.

Ainsi s'essayait encore une lyre consacrée dès long-temps au culte de la
pitié. Quand l'anarchie rugissait , lorsque le despotisme pressait d'un pied

d'airain la bouche des hommes libres,
une bouche trouvait des paroles pour
célébrer le malheur. Cinq lustres de
tyrannie ne m'ont vu tendre la tête à
aucun joug ; mais, quand le puissant a
opprimé le faible et qu'il a insulté à sa
chute, j'ai vengé le faible de l'outrage
et j'ai pleuré sur les vaincus. Ma muse
indépendante respecte, mais elle fuit le
pouvoir, qu'il faut aborder l'encensoir à
la main ; elle se plaît à errer parmi les
débris de la grandeur, et n'a de parfums
que pour les morts. Pour prix de son
courage, mon pays m'estime, et je vis
dans l'obscurité. Situation fortunée, si
les crimes de l'ambition, si les malheurs de la France ne troublaient point
mon sommeil ! Mais comment dormir,
quand la patrie souffre et gémit ! C'est
alors que ma muse sensible promène,
au milieu des tombeaux, sa douleur et
ses rêveries. Tel fut le chantre lugubre
de Narcisse, cet immortel Young, pontife de la nuit, apôtre de la mort, pro

phète de l'éternité. A son exemple, et
sur les traces du mélancolique Hervey,
cet autre poëte de la tombe, je visite
aussi les tombes célèbres, et je laisse
échapper sur elles quelques modestes
fleurs. C'est ainsi que le premier en
France, le seul alors peut-être, j'ai parfumé de violettes pourprées, de sombres scabieuses et de blanches marguerites, le tertre négligé sous lequel d'augustes infortunés ont enfin trouvé le
repos. C'est encore ainsi que sur la couche verdoyante où, parmi les frais lilas
du printemps, dort cet enfant, dont je
viens de soupirer les malheurs, ma main
traça les vers qui termineront ce lamen-
table récit.

Dans les temps orageux des crimes politiques,
Il trouva trop pesant le sceptre paternel ;
Et, le front couronné d'étoiles pacifiques,
Il prie et règne au séjour éternel.

FIN DES NOCTURNES.

NOTES HISTORIQUES.

§ Ier. — Louis-Charles naquit à Versailles, le 27 mars 1785. Il fut nommé au baptême, le même jour, par *Monsieur*, frère du Roi, et par Madame Élisabeth, pour la Reine de Naples. Le Roi lui donna le titre de *Duc de Normandie*, en reconnaissance de l'accueil qu'il avait reçu des Normands, lors du voyage qu'il fit à Cherbourg pour visiter les travaux de ce port. (*Vie du jeune* Louis XVII, par M. Antoine.)

§ II. Par la mort du premier dauphin, arrivée le 4 juin 1789, le duc de Normandie devint dauphin et héritier présomptif de la couronne. Le Roi, qui partageait également ses affections entre tous ses enfans, reporta sur le jeune Louis-Charles cet intérêt particulier qu'un monarque doit à celui qui est destiné par sa naissance à occuper le rang suprème. Ce prince, âgé de quatre ans, annonçait les plus heureuses dispositions à profiter des leçons que l'on commença dès lors à lui donner. La nature semblait avoir formé son âme, son esprit, son caractère, ses traits, de

tout ce qu'il y a de plus aimable, de plus intéressant. Sa figure était céleste ; il portait très-
bien sa tête. Sa taille fine, svelte, était parfaitement dessinée. Ses cheveux, qu'on laissait flotter
sur ses épaules, et qui étaient si remarquables
par leur teinte douce, leur épaisseur, et le jeu de
leurs plis, ajoutaient à la beauté de sa tête. On
lisait dans ses yeux la bonté de Louis XVI ; on y
entrevoyait déjà la dignité de Marie-Antoinette.
Il y avait dans ses manières, dans son maintien,
je ne sais quelle loyauté chevaleresque. Tous ses
mouvemens étaient vifs et gracieux. Dès qu'il
eut appris à parler, sa bouche ne s'ouvrit que
pour faire entendre à ceux qui l'approchaient de
ces naïvetés aimables et flatteuses qui comman-
daient la reconnaissance, et ajoutaient à l'atta-
chement qu'on portait aux auteurs de ses jours.
Rempli d'amour pour sa mère, il goûtait un plaisir infini, chaque matin, à cueillir des fleurs dans
les jardins de Versailles, à en former des bouquets qu'il venait déposer sur la toilette de la
Reine avant qu'elle fût levée. Lorsque le mauvais
temps ne lui permettait pas d'aller faire sa petite
récolte, il disait avec chagrin : Hélas ! je n'aurai
pas mérité aujourd'hui le premier baiser de maman ! (Le même, *loco citato.*)

§ III. — Après avoir cultivé et fait venir ses

fleurs, il ne manquait point de les cueillir à mesure. Tous les matins, aux beaux jours du printemps, il formait des bouquets de violettes mêlées de pensées, qu'il offrait à sa mère. Charmée
de ces prévenances, la Reine lui disait un jour :
Mon fils, pourquoi donc ne mets-tu point de
soucis dans tes bouquets ? — Ah ! maman , lui
répliqua aussitôt l'enfant, n'en as-tu pas déjà assez d'ailleurs ? Antoinette , qui était fort sensible, fut tellement frappée de l'à-propos, qu'elle
se trouva mal., en serrant son fils contre son
sein. (*Les Enfans célèbres*, par M. Fréville.)

M. Antoine raconte autrement cette anecdote.
Le Dauphin, dit cet estimable auteur, conti-
nuait de cultiver des fleurs pour les offrir à sa
mère. Un jour , dans un moment de distraction,
sans doute, il avait mêlé dans son bouquet quelques soucis. S'en étant aperçu au moment de le
lui présenter, il les arracha aussitôt, en disant :
Ah ! maman, tu en as bien assez d'ailleurs! (*Vie
de Louis XVII.*)

§ IV. — Le Roi, pour encourager les dispositions aimantes de son fils, en cherchant à développer en lui les forces du corps, en même
temps que les qualités de l'esprit, lui consacra
spécialement un petit terrain dans le parc, près
de la terrasse du château. On lui donna une jo-

lie bêche, un rateau, des arrosoirs, et tous !
instrumens nécessaires au jardinage ; et le jeune
prince passait là les momens de loisir que lui
laissait l'intervalle de ses leçons. Quel bonheur
pour lui, quand il voyait éclore la rose qu'il avait
soignée ! Avec quelle joie il l'apportait à sa chère
maman ! Ses bouquets de chaque matin lui paraissaient bien plus jolis, depuis qu'il prenait soin
de cultiver lui-même les fleurs dont il les composait. Un seigneur de la cour, le voyant un jour
bêcher son jardinet avec tant d'ardeur, que les
gouttes de sueur lui découlaient du front, lui dit :
Parbleu, monseigneur, vous êtes bien bon de
vous fatiguer ainsi ; que ne parlez-vous ? Un jar-
dinier vous fera cette besogne d'un tour de main.
— Cela se peut, répliqua l'enfant ; mais ces
fleurs, je veux les faire croître moi-même. Elles
seraient moins agréables à maman, si elles
étaient cultivées par un autre. (*Id. loc. cit.*)

§ V. — Par une injustice aussi ridicule qu'in-
concevable, lorsque les enfans des princes com-
mettent quelques fautes, ce n'est pas eux qu'on
punit directement. Le dauphin était à la promenade depuis un long espace de temps, et c'était
l'heure de l'étude. Son précepteur lui dit de rentrer. Au lieu d'obéir, il demanda l'heure à un
page. S'étant saisi de la montre, il la jeta aussitôt

dans un bassin rempli d'eau; puis il se mit à rire, et de son espièglerie, et de l'embarras du pauvre page, à qui il répéta plusieurs fois : Oh! je t'assure, mon cher Darmincourt, qu'elle boit un bon coup à présent.

De retour au château, le faible mentor, au lieu de punir son élève, mit sottement *Moufflet* en pénitence à sa place. C'était un joli petit chien qui avait appartenu au feu dauphin, son frère. Moufflet, fort étonné du traitement, se mit à grogner, et gratta contre la porte d'une manière très-importune. Il fut question de fouetter Moufflet. Quoi donc! observa le jeune prince dans la rectitude de son cœur, ce n'est pas Moufflet qui a fait le mal; ce n'est pas Moufflet non plus qu'il faut punir.

Cela dit, le dauphin pria en grâce qu'on délivrât son chien, et il le fut sur-le-champ. S'étant pour lors mis aux arrêts à la place de Moufflet, il y resta deux grandes heures de son plein gré. Voulant ensuite réparer le dommage qu'il avait fait en jetant la montre dans l'eau, il alla donner au jeune page la sienne, qui était plus belle et plus riche; de sorte que celui-ci en eut deux, car il avait déjà fait repêcher celle qu'il avait perdue.

Que ne devait-on pas espérer d'un enfant susceptible de tant de raison et de justice, et cela dans un rang où quelquefois l'on se croit tout permis ! (*Enfans célèbres*, tom. 2.)

§ VI. — M. de Montjoye rapporte cette anecdote : « Un jour que je me promenais le long de la terrasse du château, j'aperçus l'auguste enfant qui se livrait avec toute l'ardeur de son âge à ses travaux champêtres : il bêchait, émondait, arrosait, ratissait. Il y avait dans son application enfantine une candeur, une innocence, un charme qui me ravirent. Je ne pus m'empêcher de m'écrier : O l'aimable enfant ! Veuille le ciel le couvrir de ses bénédictions ! Le jeune prince m'entend ; il lève la tête, me regarde, et court vers la Reine, qui était dans la pièce attenant à la terrasse. Maman, lui dit-il, voilà une personne qui m'a adressé des choses extrêmement honnêtes ; je ne puis faire autrement que de lui témoigner ma reconnaissance : j'ai envie de lui présenter quelques-unes de mes fleurs. — Vous ferez fort bien, lui dit la Reine. Il s'élance aussitôt dans son petit jardin, coupe ses plus belles roses, court après moi, et me les offre, en me disant : Je vous prie, monsieur, d'agréer ce petit hommage pour la bonne opinion que vous avez de moi!... — Aimable enfant ! qui ne l'aurait pas aimé !

§ VII. — A l'occasion de la fête de la Reine, le Roi dit à son fils qu'il fallait préparer un bouquet extraordinaire; il exigea aussi qu'il composât lui-même le compliment dont il l'accompagnerait. Mon cher papa, répondit le jeune prince, j'ai une belle immortelle dans mon jardin; je ne veux qu'elle, et voici mon bouquet et mon compliment tout faits. En la présentant à maman, je lui dirai : Je désire que maman ressemble à ma fleur. (*Vie de Louis XVII.*)

§ VIII. — Au sein des prospérités et de la grandeur, le Dauphin était loin de manifester cette fierté qu'on voit souvent dans de simples bourgeois, quand la fortune leur est propice. Élevé au château de Saint-Cloud, sous les yeux de la Reine, il accueillait le moindre étranger avec affabilité; et bien qu'âgé seulement de cinq ans, il avait toujours un mot honnête à dire aux personnes qui lui parlaient.

Madame Moreau, parente et digne successeur de madame Leprince de Beaumont, se promenait, une belle après-dînée d'automne, dans le parc avec ses jeunes élèves. Curieuse d'examiner le petit prince, qui était accessible à chacun, attirée surtout par sa physionomie franche, ouverte et pleine de gaîté, elle s'approche. Le Dauphin lui sourit gracieusement. Alors elle veut lui

prendre la main pour la baiser. L'enfant la retire aussitôt, et lui dit d'un air aimable : Ah!
baisez-moi à la figure , je vous en prie !

Ayant ensuite invité les pensionnaires de la
sage institutrice à un jeu , il s'amusa aussi fami-
lièrement avec elles que si elles eussent été ses
sœurs. (*Enfans célèbres.*)

§ IX. — Le trait suivant annonce jusqu'où
s'étendaient sa réflexion et la bonté de son cœur,
dans un âge aussi tendre. Un poëte avait été ad-
mis, dans la galerie de Versailles, à présenter
une pièce de vers à madame Élisabeth, lorsqu'elle revenait de la messe. Cette princesse , en
la recevant , salua l'auteur, et rentra dans les appartemens, où l'on s'empressa de lire les vers
qui furent jugés fort beaux. Le Dauphin , en sor-
tant des appartemens , aperçut le poëte qui se re-
tirait lentement, en examinant les beautés et la
magnificence de cette galerie. Il rentre sur-le-
champ, et dit à sa mère : Ce monsieur est encore
là ; il n'a eu qu'une révérence de ma tante pour
ses jolis vers ; elle devrait bien l'en aller remercier. — Cela ne se peut pas, mon fils , lui répondit la Reine; mais rien n'empêche que vous ne
le fassiez vous-même. Le jeune prince part aussitôt , retrouve le poëte, et lui dit : Vos vers,
monsieur , ont été lus avec bien du plaisir, et je

viens vous en remercier pour ma tante et pour moi. (*Vie de Louis XVII.*)

§ X. — La Reine prenait plaisir à faire naître dans l'âme de ses enfans les douces émotions qui agitaient la sienne , et elle ne négligeait aucune occasion de leur faire sentir que la Providence ne les avait placés au-dessus des autres hommes que pour se dévouer à leur bonheur. Elle avait un jour conduit son fils à l'hôpital des Enfans-Trouvés. Remarquant dans ses yeux la compassion que lui inspirait un tableau si touchant : Mon fils , lui dit-elle, tous ces pauvres enfans sont abandonnés ; ne l'oubliez point , et souvenez-vous également un jour d'adoucir la rigueur de leur sort. Des larmes furent la réponse et la promesse du Dauphin. (*Ouvrage cité.*)

§ XI. — A Paris comme à Versailles, on procura au Dauphin son petit jardin , qu'on forma à l'extrémité de la terrasse du bord de l'eau. Des détachemens de la garde nationale y conduisaient le jeune prince ; et, lorsqu'ils étaient peu nombreux, il les invitait à y entrer avec lui. Un jour qu'un grand nombre avait été obligé de rester en dehors, il leur adressa cette excuse délicate : Je suis bien fâché aujourd'hui, messieurs, que mon jardin soit petit, puisque cela me prive du plaisir de vous y recevoir tous. (*Même ouvrage cité.*)

§ XII. — Avec un cœur tout paternel, avec des sentimens de l'amour le plus tendre et le plus conjugal, Louis XVI montrait dans ses formes une sorte de rudesse, et dans son langage quelque chose de peu poli. Le Dauphin fut long-temps avant de s'accoutumer à ce ton rauque et brusque. Un jour que, sur une lettre reçue d'Allemagne, le Roi adressait à la Reine des observations sévères, et les lui faisait avec un accent un peu irrité, leur fils, se plaçant entre sa mère et son père, étendit le bras vers celui-ci, en disant d'un accent plein de sensibilité et de gentillesse : Monsieur papa, ne grondez pas maman ! (*Inédit.*)

§ XIII. — Nous verrons tout à l'heure que, grâce aux soins de son auguste père, et à ses propres dispositions, il devint aussi habile qu'il est possible à cet âge, dans la géographie topographique. On lui avait souvent répété qu'à onze ans Pascal devina, par la seule force de son application, les trente-deux premières propositions d'Euclide; et on lui faisait lire la vie du jeune duc de Bourgogne, qui promettait un géomètre non moins profond. Le Roi, dans une leçon géographique, lui ayant fait remarquer combien pouvait être utile l'application de la géométrie à la topographie, il entreprit de tracer des lignes,

de décrire des cercles, d'élever des perpendicu-
laires, de mesurer des angles. Cependant on le
mit un jour au défi de construire un carré sans
l'usage du compas. Après deux minutes de réflexion, il prit une règle, tira une ligne de toute
sa longueur, en traça deux petites en suivant les
petits côtés, et ferma le troisième par une parallèle à la première. Ceci, ajouta-t-il, est assuré-
ment un carré ; car les côtés sont égaux, et les
angles sont droits. Il ne se doutait pas qu'il répé-
tât l'expérience du duc de Bourgogne, dont il disait : Comment faisait-il, mon petit oncle, pour
savoir, pour apprendre tout ce qu'il sut ? (*Inéd.*)

§ XIV. — Il arriva une fois à Louis-Charles,
qu'on nommait alors *le prince royal*, de jouer
aux petits palets avec l'officier qui commandait
le détachement d'honneur qui entourait son jardin. L'officier gagna la partie, et dit en riant :
Ah ! j'ai vaincu M. le Dauphin ! — Dites le prince
royal, observa l'enfant avec humeur. — Le prince
royal, soit, reprit l'officier en redoublant de
gaîté ; il n'en est pas moins vrai que j'ai vaincu
l'un ou l'autre. Louis-Charles fut piqué, et se
permit une réplique déplacée. Cette aventure
parvint à la connaissance de la Reine, qui, blâmant son fils de s'être oublié, ordonna qu'il su-
bît une pénitence. Le lendemain, après lui avoir

fait lire dans la vie du duc de Bourgogne, son
oncle, une anecdote analogue à celle-ci, on lui
rappela son procédé de la veille, en lui représen-
tant combien il était méséant à un prince de
manquer de politesse et d'égards, et de donner
ainsi une mauvaise idée de son caractère à ceux
qui l'approchaient. Je sens bien, avoua aussitôt
l'enfant à sa gouvernante, je sens bien à présent
que j'ai eu tort ; mais aussi pourquoi ne me disait-il pas tout uniment qu'il m'avait gagné ?
C'est ce mot de *vaincu* qui m'a mis hors de moi.
(*Vie de Louis XVII.*)

Voici l'anecdote relative au duc de Bourgogne.
Souvent, en faisant sa partie chez la dauphine,
sa mère, il perdait au jeu. Quoiqu'il fût très-
désintéressé, son amour-propre souffrait de ces
pertes, et il paraissait tout contrarié. Alors la
dauphine ou son gouverneur le plaisantaient sur
sa mauvaise chance. Il avait beaucoup de peine à
dissimuler son dépit, et les larmes lui roulaient
dans les yeux. Enfin, après avoir rougi et pâli
tour à tour, il paraissait moins ému et plus maître de lui-même. Mais, ce qui prouve le grand
combat qu'il livrait à son orgueil, c'est qu'alors
on voyait les gouttes de sueur découler de son
front. Quelle force dans un enfant ! quel triomphe dans un âge si tendre encore ! (*Vie du Duc*

de Bourgogne, par le marquis de Pompignan ;
son *Oraison funèbre*, par Willermet.).

§ XV. — On avait formé à Paris une compagnie de jeunes gens, sous le nom de régiment-dauphin. Beaucoup de bourgeois s'étaient empressés d'y faire inscrire leurs enfans. Je fis partie de cette petite troupe, dit l'auteur déjà cité ; elle fut admise plusieurs fois à manœuvrer devant le jeune prince. Lors de notre première visite, nous le trouvâmes à son jardin, où plusieurs seigneurs l'entouraient. Voulez-vous bien être le colonel de ce régiment ? lui dit l'un d'eux. — Oui, répondit le Dauphin ; j'aime beaucoup les grenadiers de mon jardin, mais j'aimerais encore mieux me voir à la tête de ceux-ci. — Alors, adieu les fleurs et les bouquets de votre maman ? — Oh ! cela ne m'empêcherait pas d'avoir soin de mes fleurs. Beaucoup de ces messieurs m'ont dit avoir aussi de petits jardins. Eh bien ! ils aimeraient la Reine à l'exemple de leur colonel, et maman aurait tous les jours des régimens de bouquets. (*Vie de Louis XVII.*)

§ XVI. — Dans sa petite culture, le jeune prince était accessible à tout le monde ; aussi, lorsqu'il sortait du château pour se rendre au jardin, il était bientôt entouré d'une foule d'enfans qui l'attendaient au passage. Il accueillait

avec prévenance ceux qui désiraient lui parler ;
il s'informait de leur âge , de leur état, ou plutôt de celui de leurs parens. Souvent il fit donner
de l'argent à ceux qui s'annonçaient dans le besoin. C'était ainsi que, dans un âge fort tendre ,
se manifestait en lui cette bonté naturelle qui
semble faire le fond du caractère des Bourbons.
Une femme vint un jour le trouver au milieu de
ses fleurs, pour solliciter une grâce par son en-
tremise : Ah ! monseigneur, lui dit-elle, si je
l'obtenais, je serais heureuse comme une reine !
— Y pensez-vous ! s'écria le Dauphin ; *heureuse
comme une reine !* Et moi , j'en connais une qui
ne fait que pleurer. (*Même ouvrage cité.*)

§ XVII. — Les événemens de chaque jour présentaient à la famille royale les plus affreux pré-
sages ; et la Reine, en y réfléchissant, ne pouvait manquer d'y être sensible, parce que sa première pensée , au milieu des alarmes, était pour
ses enfans. Les émeutes se renouvelaient souvent ;
la journée du 13 avril 1790 , surtout, fut très-
orageuse. Les séditieux étaient en force et ne parlaient que d'emporter le château d'assaut et d'é-
gorger la reine. Quelques coups de fusil tirés sur
la terrasse pendant la nuit qui suivit cette journée , fit croire un instant que les menaces des
barbares se réalisaient. Le Roi se lève à la hâte ,

et court aussitôt chez la Reine. Ne la trouvant
point dans son appartement, il entre chez le
Dauphin, et là il la voit tenant cet enfant chéri
pressé contre son sein. Je vous cherchais, madame, lui dit-il; vous m'avez bien inquiété. — J'é-
tais à mon poste, répond-elle, en lui montrant
son fils. (*Idem*, *loc. cit.*)

La Reine saisit un moment heureux à la Fédé-
ration du 14 juillet 1790, pour présenter ce
jeune prince à la France, pour ainsi dire entière.
Tous les députés des divers cantons, presque tous
les habitans de Paris, étaient réunis au Champ-
de-Mars. Les mystères de la religion étaient célé-
brés au milieu de cette assemblée immense, la
plus nombreuse qui eût eu lieu depuis bien des
siècles. Chacun allait prêter un serment qui semblait devoir éterniser le bonheur de la nation; le
Roi lui-même devait le prêter, en présence du
ciel et devant son peuple. A l'instant où il se leva
et étendit la main, la Reine, placée au-dessus de
lui, avança le *prince royal* vers le public. L'aimable enfant leva aussi ses innocentes mains,
comme pour participer à l'engagement de son auguste père. L'action de la mère excita les plus
vifs transports d'allégresse; on applaudit de toutes parts. (*Idem*, *loc. cit.*)

Qu'aux yeux, même les plus prévenus, ce

mouvement, ces sentimens unanimes absolvent donc la nation des crimes à elle imputés par les scélérats qui les ont commis et par les lâches qui les ont laissé commettre. Non, trente années de révolution n'ont point effacé des cœurs français ce caractère de fidélité et d'amour qui les a distingués durant quatorze siècles. Le peuple de France est doux comme son climat, facile comme son langage, aimable comme les beaux rivages de ses fleuves. Pour avoir voulu la liberté sans licence, la garantie des choses, la sûreté des personnes et l'égalité devant la loi, il fut accablé de malheurs; mais ces malheurs ont été des épreuves, et il est résulté de leurs leçons ce qui résulte toujours d'une expérience chèrement achetée : la maturité de la pensée, la constance de la volonté, la force tranquille de la justice. Trouve-t-on ces vertus au fond de la fange des révolutions? (*Manuscrits inédits* de M. Regnault de Warin.)

§ XVIII. — On pourra comparer, dans les deux anecdotes suivantes, le dernier Dauphin de France avec le petit duc de Bourgogne, son oncle; et, dans ce court parallèle, on découvrira non-seulement un échantillon du caractère des deux princes, mais encore la différence des époques où ils vivaient. Le dernier est mort en 1760.

Ce jeune prince apprenait l'histoire de France, et n'avait alors que cinq ans. Comme on lui disait que l'on comptait une suite de soixante-six rois, depuis Pharamond jusqu'à Louis XV, il s'imagina que toutes ces têtes couronnées ne formaient qu'une seule et même filiation, et il s'en montra tout glorieux ; mais le duc de La Vauguyon, son gouverneur, lui fit observer qu'il n'y avait aucune preuve que la troisième race descendît de la première, ni même de la seconde. Piqué de la remarque, l'élève répondit vivement : Au moins, monsieur, je descends de saint Louis et de Henri IV. (*M. de Pompignan*, *M. Willermet.*)

On enseignait aussi à Louis-Charles la chronique de nos Rois. Étonné, chagrin même des vices ou des défauts qu'un grand nombre d'entre eux apporta sur le trône, il oublia un instant que, pour se dédommager d'avoir nommé et Chilpéric et Thierry, et Louis XI et Henri III, l'histoire se plaisait à offrir à l'admiration et à la reconnaissance les noms de Charlemagne, de Louis IX, de Louis XII, de François Ier., de Henri IV ; et, par une boutade que, dans un autre qu'un enfant, l'on pourrait appeler philosophique, il s'écria : Eh ! parmi tous ces Rois, je n'en vois aucun de bon !

§ XIX. — Lors du choix d'un gouverneur pour

le prince royal , l'assemblée législative s'occupa de diriger les intentions du Roi , et désigna l'abbé Sieyes, Pétion et Condorcet. Le Roi nomma M. de Fleurieu. Les premiers étaient portés par les républicains ; un parti plus singulier, et peut-être assez conséquent dans ses vues, voulut faire adopter Robespierre.

M. Harmand, ancien député , a raconté cette anecdote , qui peut être nommée à bon droit une singularité historique , et qui fait toucher un des ressorts par lesquels se meuvent les révolutions.

Les chefs de ce parti ne pouvaient pas approcher du Roi ; mais ils avaient la facilité de lui faire parvenir leurs idées par la princesse de Lamballe, et ce fut elle d'abord qu'il fallut convaincre. Robespierre est sans doute un scélérat, lui dit-on ; mais il jouit d'une popularité qui met les factieux sous sa main , et qui peut les rendre aussi utiles qu'ils sont dangereux. Cet homme, malgré son affectation d'incorruptibilité , n'est qu'un ambitieux qui cherche le chemin de la fortune : il le faut seconder ; car alors il arrivera de deux choses l'une, ou il conservera sa popularité dans sa nouvelle carrière , ou il la perdra. S'il la conserve , c'est une conquête importante que le Roi aura faite ; s'il la perd , c'est l'ennemi le plus

dangereux que l'on aura abattu ; et, par une
suite naturelle, on aura porté un coup mortel à
ces ambitieux subalternes, qui, comme lui, flat-
tent la multitude. Au reste, le Roi pouvait bor-
ner sa faveur au seul titre et aux émolumens de
gouverneur, et se réserver l'éducation du Dauphin.

Ce raisonnement, qui paraît si extraordinaire
aujourd'hui, était convenable à la situation des
affaires. Le Roi et toute la France voyaient assez
où l'on en voulait venir. Chaque jour on sapait
les fondemens du trône, et le prince le sentait
s'ébranler sous lui. Dans les dangers pressans,
tous les secours paraissaient bons ; et Robespierre, en se dévouant au Roi, pouvait en effet re-
tarder le terrible événement que l'on prévoyait.
Madame de Lamballe en fut persuadée, et s'empressa de transmettre au monarque la proposition
qui lui avait été faite. Il en recula de surprise.
Y pensez-vous, ma cousine ? s'écria-t-il. La princesse insista, et développa le raisonnement qu'on
lui avait fait à elle-même. Le Roi s'accoutuma
peu à peu à l'idée qu'on venait de lui présenter,
et crut qu'en effet le moyen qu'on lui proposait
pouvait concourir avec d'autres à sauver l'autorité royale ; il céda, et autorisa madame de Lamballe à voir Robespierre, auquel on avait donné,

d'un autre côté, l'éveil sur cette demande, et à lui faire les propositions suivantes : 1°. qu'il aurait le titre et les émolumens de gouverneur, mais sans en remplir les fonctions intérieures ; 2°. qu'il se réunirait d'avance à la cour pour arrêter ou tempérer les progrès de la révolution ; qu'il ferait un journal dans ce sens-là, et professerait la même doctrine à la tribune des jacobins, pour mériter l'honneur que le Roi lui faisait de jeter les yeux sur lui ; 3°. qu'il donnerait sa démission d'accusateur public au tribunal criminel de la Seine.

Cette étrange négociation donna lieu à trois entrevues de madame de Lamballe avec Robespierre et quelques autres personnages : Robespierre souscrivit à tout ; il commença par sa démission. Ceci se passait entre les deux fameuses journées du 20 juin et du 10 août 1792. Les événemens se pressaient, et l'on pressait aussi Robespierre de se prononcer. Il le fit, et entreprit un journal sous le titre de *Défenseur de la Constitution*, où il disait que la révolution avait déjà coûté trop de sang ; qu'il ne fallait plus de mouvemens ; que la constitution était en effet imparfaite, mais que c'était du temps que l'on devait attendre son amélioration ; que parler de république, c'était se déclarer ennemi de la patrie ;

et qu'il était essentiel de maintenir sur le trône
la famille régnante. Il tint le même langage à la
tribune des jacobins. Ce langage, de la part d'un
homme que le peuple regardait comme son re-
présentant le plus probe et le plus dévoué, arrêta
les séditieux qui avaient échoué dans la journée
du 20 juin, et qui déjà formaient de nouveaux
projets. Il est difficile de deviner ce qu'aurait
produit ce changement inattendu du plus furieux
révolutionnaire; mais malheureusement la Reine, qui n'avait pas, dès le commencement, été
instruite de ce qui se passait, repoussa avec horreur ce qu'on lui proposa à ce sujet, et protesta
que jamais elle ne souscrirait à ce que l'on confé-
rât le titre de gouverneur de son fils à un semblable scélérat. Dans sa terreur, elle saisit le
jeune prince entre ses bras, comme si on eût
voulu le lui arracher, et se renferma avec lui
dans son appartement. Ce mouvement, bien naturel au cœur d'une mère, changea les dispositions chancelantes du Roi; il s'empressa de renoncer au parti qu'on lui avait fait prendre, et
chargea madame de Lamballe d'en avertir Robespierre, et de lui proposer de demander ce qui
d'ailleurs pourrait lui convenir. Mais ce dernier,
furieux d'avoir exposé sa popularité, qui faisait
toute sa force, abandonna tout à coup son jour-

nal, se rallia à la commune, qui voulait renver-
ser le trône, recommença ses déclamations contre la cour; et, quelques jours après, eut lieu la
terrible insurrection du 10 août, où Louis XVI
cessa de régner. (*Anecdotes sur la Révolution*,
par M. Harmand, cité dans la *Vie de Louis
XVII.*)

§ XX.— La catastrophe du 10 août est connue
de l'univers civilisé, et ce ne serait pas d'ailleurs
ici le lieu d'en reproduire le récit. On se borne-
ra à quelques anecdotes concernant le jeune infortuné qui nous intéresse plus spécialement. La
proie du trône ayant échappé aux factieux du 20
juin, ils se réunirent dans la nuit du 9 au 10
août, plus nombreux, plus furieux, plus for-
midables que jamais; et, dès le matin, l'attaque
du château fut commencée. A cinq heures, la
reine éplorée courut à la chambre de son fils, et
l'éveilla. « Maman, dit cet enfant, en baisant les
mains de sa mère, pourquoi veulent-ils donc
du mal à papa? il est si bon! »

Le Roi, comme on sait, défendit toute résistance, et, tremblant sur le sort de sa famille, il
se rendit à l'Assemblée nationale, contre l'avis
de la reine. Cette princesse et madame Élisabeth
marchaient à ses côtés, la Reine tenant par *la*
main *Madame;* un grenadier portait le Dauphin

dans ses bras. L'aimable enfant tendait ses mains innocentes tantôt vers son père, tantôt vers sa mère, qui ne pouvaient plus répondre à ses caresses que par des soupirs. Ce prince n'avait alors que sept ans et demi. La raison, en l'éclairant de ses premiers rayons, semblait ne lui apprendre qu'il était fils d'un monarque, et que son berceau avait été entouré d'hommages, que pour lui montrer l'avenir le plus affreux. En commençant à connaître le prix de la vie, il voyait sa famille et lui-même menacés de la mort, et il n'apercevait le sort brillant que sa naissance lui promettait, que pour sentir plus durement le malheur qui allait l'écraser. Au 20 juin, il avait partagé les outrages que l'on avait fait essuyer à sa famille : cette populace hideuse, que les intrigans et les ambitieux ameutaient alors avec tant de facilité, après avoir long-temps menacé la vie du roi, s'était jetée dans l'appartement où la reine se tenait auprès de son fils, et se plut à effrayer par ses gestes et ses propos féroces une femme et un enfant. On mit sur la tête du Dauphin un bonnet rouge, comme on venait d'en mettre un sur la tête du Roi ; il y resta jusqu'au moment où Santerre étant entré, dit avec brusquerie : Otez le bonnet à cet enfant ; voyez comme il a chaud !

Ce fut le lendemain de cette cruelle journée que le jeune prince laissa échapper ce mot que l'on a retenu, et qui peint si bien la naïveté de son âge. Les chefs de l'insurrection cherchaient à soulever de nouveau le peuple pour consommer le crime qu'ils n'avaient pu exécuter la veille ; on battait le rappel ; la reine vola auprès de son fils : Eh quoi! maman, lui dit l'enfant avec ingénuité, est-ce qu'hier n'est pas encore fini ?

§ XXI. — La famille royale ayant été transférée de l'Assemblée nationale où elle fut arrêtée, dans la grande tour du Temple, Cléry, valet-de-chambre du prince royal, demanda à continuer son service auprès de lui. Il y entra le 26 août, et y demeura seul auprès de cette famille auguste et malheureuse, jusqu'au jour où le plus grand des attentats conduisit à l'échafaud le meilleur des monarques.

Au second étage de la tour, une grande pièce servait de chambre à coucher à la reine et à son fils. Louis XVI couchait à l'étage supérieur. Tous les jours, à 10 heures, le roi descendait dans la chambre de la reine, et y passait la journée. Il s'occupait de l'éducation de son fils, lui faisait réciter quelques passages de Corneille et de Racine, lui donnait des leçons de langue latine, d'histoire, et l'exerçait à laver des cartes géographiques. L'intelligence prématurée du jeune prince répondait parfaitement aux tendres soins du roi. Sa mémoire était si heureuse, que, sur une carte couverte d'une feuille de papier, il indiquait les départemens, les districts, les villes et le cours des rivières : c'était la nouvelle géographie de la France que le roi lui enseignait. (*Mémoires de Cléry. Vie de Louis XVII.*)

§ XXII. — Louis-Charles, connu au Temple sous le nom du *petit Capet*, avait la mémoire excellente, comme on vient de le dire. Elle était si bien exercée qu'il savait par cœur plusieurs centaines de vers, et qu'il les récitait sans faire de fautes. On lui a entendu souvent déclamer le poëme de Philémon et Baucis, dont le commencement renferme une moralité bien analogue à sa situation, et que sa précoce intelligence lui permettait de saisir :

Ni l'or, ni la grandeur, ne nous rendent heureux :
Ces deux divinités n'accordent à nos vœux,
Que des biens peu certains, qu'un plaisir peu tranquille ;
Des soucis dévorans c'est l'éternel asile.

§ XXIII. — Madame Élisabeth lut un jour *Héraclius*, pièce compliquée, mais fortement attachante, dont le sujet a quelque rapport aux malheurs de la famille royale de France, et que

Louis-Charles écouta avec une extrême attention.
Le soir même, un commissaire municipal, nommé Mercerault, maçon de son métier, s'étant
assis, avec une insolente grossièreté, dans le
fauteuil du roi, le Dauphin se plaça gravement
devant lui, et, d'un ton burlesquement tragique,
il déclama ce vers que Léontine adresse à Pho-
cas :

Tyran, descends du trône, et fais place à ton maître !

Ce qu'il y eut de singulier, c'est que l'artisan,
n'importe pour quel motif, se leva, et *fit place*
au roi, en disant : c'est juste. (*Inédit.*)

§ XXIV. Ce même ouvrier avait soin de venir
au Temple remplir ses fonctions municipales en
habit de travail, avec son tablier et un grand
chapeau rond qu'il n'ôtait jamais. L'insolent,
qui se permettait de tutoyer tout le monde,
même le roi, s'avisa un jour de sermonner le
jeune prince. Sais-tu bien, lui dit-il entre autres
choses, que la liberté nous a rendu libres, et que
nous sommes tous égal. — *Égal*, tant qu'il vous
plaira, répondit le Dauphin ; mais ce n'est pas
ici, ajouta-t-il, en jetant un regard sur ses parens, que vous me persuaderez *que la liberté
nous a rendus libres*. (*Vie de Louis XVII.*)

§ XXV. — A la grossièreté révolutionnaire de

ce misérable, nous opposerons la politesse et
surtout la sensibilité d'un député à l'Assemblée
législative, M. Tronchon. Au milieu des scènes
effrayantes qui caractérisèrent le 10 août, et qui
se passaient autour de la salle, et même dans
l'intérieur ; au moment où les vrais citoyens
tremblaient pour la sûreté de la famille royale,
un grenadier inconnu à M. Tronchon (le même
qui, au sortir du château, s'était emparé du
Dauphin), s'élance au bureau, et dépose le jeune
prince entre les mains de ce député : Tiens, lui
dit-il, je te remets le dépôt le plus précieux
pour la France ; je sais à qui je le confie : et il
disparut. Dans un écrit publié récemment,
M. Tronchon ajoute : « L'auguste enfant qu'on
m'avait confié cherchait avec des yeux inquiets
ses chers parens. Il tremblait dans mes bras : je
faisais mes efforts pour le rassurer ; mais, hélas !
j'étais moi-même dans la plus cruelle inquiétude.
Je le couvrais de mon corps comme d'un rempart, et je promenais sans cesse mes regards
sur tout ce qui nous environnait. La famille
royale pénétra enfin dans la salle. Le jeune prince, qui s'était toujours tenu serré près de moi,
aperçoit son auguste mère ; il me témoigne le
désir d'aller la rejoindre ; je l'y conduis. Un re-
mercîment, exprimé avec autant de sensibilité

que de noblesse , sort de la bouche de la reine ;
je me retire pénétré d'émotion et de respect , et
plein d'un sentiment qui ne s'effacera jamais de
mon âme. (*Réponse à un Électeur du départe-*
ment de l'Oise.)

§ XXVI.— En prenant un jour sa leçon de la-
tin , le Dauphin rencontra un mot qu'il pronon-
ça mal ; son auguste instituteur ne lui en fit aucune réprimande. Cette indulgence déplut à un
des commissaires présens. Vous devriez apprendre à mieux prononcer à cet enfant , dit-il avec
brusquerie ; car, au temps où nous en sommes ,
il pourra lui être nécessaire plus d'une fois de
parler en public. — Votre observation est juste,
lui répondit le Roi avec douceur ; mais il est bien
jeune, et je crois qu'il faut attendre que le
temps et l'habitude délient sa langue. (*Vie de*
Louis XVII.)

§ XXVII. — A une heure, la famille royale
avait la liberté de descendre au jardin ;
là , le jeune prince jouait, soit au ballon , aux
palets , à la course , soit à d'autres jeux d'exer-
cices avec Cléry. A deux heures , on remontait
dans la tour, où Cléry servait le dîner. Dans un
de ces repas , on plaça sur la table une brioche.
Les yeux du Dauphin s'y portèrent avec complai-

sance ; s'adressant à sa mere , il lui dit : Maman,
voilà une bien belle brioche ! Je connais une armoire dans laquelle , si vous le permettez, je la
mettrais ; et elle serait là si bien en sûreté , que
personne , je vous assure , ne pourrait l'en reti-
rer. C'était précisément à l'époque où le minis-
tre Roland venait de découvrir, au château des
Tuileries , cette cachette devenue fameuse sous
le nom d'*armoire de fer*. Sur le mot singulier du
Dauphin , on se regarde , on promène les yeux
autour de la salle ; on cherche l'armoire , et on
n'en voit point. Les municipaux stupéfaits jettent
sur cette famille des regards perçans , et roulent
déjà dans leur tête le projet d'une nouvelle per-
quisition. Mon fils , dit enfin la reine , je ne vois
point l'armoire dont vous parlez. — Maman,
répond l'enfant , en montrant sa bouche , en
voici la porte. Cette petite espièglerie fit sourire
la famille, et rassura les municipaux.

Après le repas , on donnait un instant de ré-
création au Dauphin et à sa sœur. Le Roi et la
Reine se plaisaient à voir ces innocentes créatures faire éclater toute la naïveté , toute la
gaieté de leur âge. Leurs caresses , leur joie enfantine , le sourire , les tendres embrassemens
de leurs parens , tout cela , dans ce lieu de douleur, formait le tableau le plus attendrissant.

A cinq heures , le jeune prince prenait une leçon d'écriture; Cléry la lui donnait sous les yeux du roi; et , d'après ses indications , il copiait des exemples dans les OEuvres de Montesquieu et d'autres auteurs célèbres. Un jour, un commissaire nommé le Clerc , médecin de profession , affecta d'interrompre cette leçon pour disserter sur l'éducation républicaine qu'il fallait donner au jeune prince. Il voulait que l'on ne mît sous ses yeux que les ouvrages les plus révolutionnaires.

Pour apprendre à calculer à l'enfant , Cléry avait fait une table de multiplication , d'après les ordres de la reine. Un municipal prétendit qu'elle montrait à son fils à parler en chiffres , et il fallut renoncer à l'arithmétique.

A la fin du jour , on se plaçait autour d'une table ; la reine faisait, à haute voix, une lecture de livres d'histoire ou de quelques ouvrages choisis , propres à instruire et à amuser ses enfans ; mais dans lesquels des rapprochemens imprévus avec sa situation se présentaient souvent , et donnaient lieu à des idées bien douloureuses. Un jour, la reine lisait un volume de l'Histoire de France , à l'époque où le connétable de Bourbon prit les armes contre son pays. L'officier municipal prétendit que la princesse , par cet exemple, voulait inspirer à son fils des sentimens de vengeance contre sa patrie, et il en fit une dénonciation formelle au conseil.

Après la lecture, on servait le souper du prince, dans l'appartement de madame Élisabeth. La famille royale y assistait. Le Roi se plaisait à y donner quelques récréations à ses enfans, en leur faisant deviner des énigmes tirées d'une collection du Mercure de France qu'il avait trouvée dans la bibliothéque.

Après le souper du Dauphin, la Reine lui faisait réciter ses prières. Il en adressait au ciel une particulière pour l'infortunée princesse de Lamballe, massacrée le 2 septembre, ainsi que pour madame de Tourzel, sa gouvernante, que l'on croyait également assassinée. La commune avait soldé les septembriseurs : c'eût été un crime de prier Dieu pour des victimes dont les bourreaux se trouvaient présens. Aussi, lorsque les municipaux étaient trop près, le jeune prince avait de lui-même la précaution de dire ces deux dernières prières à voix basse. Pendant tout le temps de sa captivité, il montra, dans sa conduite et ses propos, une réserve et une prudence étonnantes à son âge. Jamais on ne l'entendit parler ni des Tuileries, ni de Versailles, ni d'aucun objet qui aurait pu rappeler à la Reine ou au

Roi quelque affligeant souvenir. Mais voyait-il
arriver un municipal plus honnête que ses collègues, il courait au-devant de la Reine, s'empres-
sait de le lui annoncer, et lui disait avec l'expression du contentement le plus marqué : Maman,
c'est aujourd'hui monsieur un tel.

Plus d'une fois , par sa rare intelligence , il
fournit à ses parens les moyens de connaître la
manière de penser de leurs surveillans. Lorsqu'il
paraissait un commissaire qu'on n'avait pas encore vu , les prisonniers l'entretenaient , le roi
surtout , de littérature , d'arts et de connais-
sances dans tous les genres. D'après ses réponses,
on jugeait de son savoir , de ses talens , de son
esprit. On parvenait d'abord à connaître son
état, son pays, et l'on se hasardait ensuite à lui
demander son nom. Un jour un de ces municipaux , de garde pour la première fois , arriva au
moment où Louis XVI donnait à son fils une leçon de géographie. Interrogé dans quelle partie
du monde se trouvait Lunéville , le Dauphin,
jetant à son auguste instituteur un regard d'intelligence , répondit malignement , *en Asie*. Le
commissaire , relevant l'erreur , dit au jeune
prince : Comment! vous ne connaissez pas
mieux le lieu où ont régné vos ancêtres ! Le roi
fut charmé de l'observation ; et la reine, profitant

de ce que le second commissaire était à la croisée occupé à examiner les ouvriers qui travaillaient au mur de clôture, entama aussitôt la conversation. Le municipal était honnête, son ton poli, et ce qui vaut mieux, son cœur sensible ; il répondit respectueusement aux prévenances des prisonniers, auxquels, durant les quarante-huit heures de son service, il épargna quelques déboires ; mais frappé d'une infortune aussi grande que peu méritée, et dont il prévoyait la funeste issue, cet honnête homme rentra chez lui tout consterné, tomba malade, et donna sa démission. Il ne se retraça jamais, sans gémir, les scènes dont il avait été spectateur involontaire, mais auxquelles il ne voulut plus concourir, ni qu'il ne pouvait empêcher. (*Mémoires de Cléry. Vie de Louis XVII.*)

§ XXVIII. — M. Cléry tomba malade et resta au lit six jours, pendant lesquels l'auguste famille suspendit en quelque sorte le sentiment de ses longues infortunes, pour s'occuper de ce bon serviteur. Madame Élisabeth lui apportait souvent des drogues qu'elle demandait comme pour elle. Pendant la première journée, le Dauphin ne le quitta point, et cet illustre enfant lui apportait lui-même à boire. Le Roi et la Reine lui donnaient également des marques d'une extrême bonté. Le courage lui rendit une partie de ses forces ; la crainte de sortir de la tour ranima sa santé et lui fit reprendre son service, avant même d'être rétabli. Il rapporte le trait suivant du Dauphin, qui prouve jusqu'où allait la bonté du cœur de cet enfant, et combien il profitait des exemples de vertu qu'il avait sous les yeux.

« Un soir, dit-il, après l'avoir couché, je me retirais pour faire place à la Reine et aux princesses, qui venaient l'embrasser et lui donner le bon soir dans son lit. Madame Élisabeth, que la surveillance des municipaux avait empêchée de me parler, profita de ce moment pour lui remettre une petite boîte de pastilles d'ipécacuanha, en lui recommandant de me la donner lorsque je reviendrais. Les princesses remontèrent chez elles ; le roi passa dans son cabinet, et j'allai souper. Je rentrai vers onze heures dans la chambre du Roi, pour préparer le lit de Sa Majesté ; j'étais seul, le jeune prince m'appela à voix basse. Je fus très-surpris de ne pas le trouver endormi ; et craignant qu'il ne fût incommodé, je lui en demandai la cause : C'est, me dit-il, que ma tante m'a remis une petite boîte pour vous, et je n'ai pas voulu m'endormir sans vous la donner. Il était temps que vous vinssiez, car mes yeux se sont déja fermés plusieurs fois. Les miens se rem-

plirent de larmes, ajoute M. Cléry ; il s'en aperçut, m'embrassa, et deux minutes après, il
dormait profondément. » (*Mém. de Cléry.*)

§ XXIX. — Le 29 septembre, après souper,
le Roi fut transféré dans la grande cour, adossée
à la petite. Divers ouvriers travaillaient encore
dans ce local, lorsqu'on y amena le Roi. Un
tailleur de pierres était occupé à faire des trous
à une porte d'anti-chambre, pour y placer d'é-
normes verrous. Le jeune prince, pendant que
cet ouvrier déjeunait, s'amusait avec ses outils.
Le roi prit des mains de son fils le marteau et le
ciseau, lui montrant comment il fallait s'y prendre. Il s'en servit pendant quelques momens. Le
maçon, attendri de voir ainsi le Roi travailler,
dit à Sa Majesté : Quand vous sortirez de cette
tour, vous pourrez dire que vous avez travaillé
vous-mêmes à votre prison. — Ah ! répondit le
Roi, quand et comment en sortirai-je ? A ces
mots, le Dauphin versa un torrent de larmes,
et se jeta avec effusion de cœur dans les bras de
son père. (*Les deux ouvrages cités.*)

§ XXX. — Lorsque la Reine vint habiter la
grande tour, on eut soin d'empoisonner la joie
que lui causait ce rapprochement de son époux,
par un trait déchirant pour le cœur d'une mère.
Depuis son entrée au Temple, les municipaux la

voyaient consacrer son existence au soin de son fils, et trouver quelque adoucissement à ses maux dans la reconnaissance et les caresses de cet aimable enfant. Ils l'en séparèrent sans l'en prévenir. Sa douleur fut extrême. Le jeune prince ayant été remis au Roi, M. Cléry fut chargé de son service. Avec quel attendrissement la Reine lui recommanda-t-elle de veiller sur les jours de son fils !

Ah ! dans une âme sensible , ajoute l'honnête et très-estimable écrivain, auquel j'emprunte une partie de ces détails , il n'était pas besoin d'éveiller l'intérêt qu'inspirait par lui-même l'enfant royal. Pour résister à ses grâces naïves , à l'aimable innocence de son âge , il fallait avoir un cœur de bronze. On a vu que , dans ce jeune prince, doué d'une intelligence prématurée , l'éducation du malheur et les leçons de son auguste père avaient encore contribué à cette précocité. Un jour il dit qu'il reconnaissait un officier municipal qui venait pour la première fois au Temple. Celui-ci lui demanda dans quel endroit il l'avait vu. Le Dauphin voulut s'abstenir de répondre, parce qu'il sentit que son explication occasionerait un triomphe au municipal , et un souvenir douloureux pour ses parens. Cependant, comme son refus piquait la curiosité de chacun ,

ét qu'on le pressait de dire où il avait vu ce commissaire, il eut l'esprit de satisfaire sa mère en
ménageant l'amour-propre de toute la famille. Se
penchant donc vers la Reine : C'est , lui dit-il à
voix basse , dans notre voyage de Varennes.
(*M. Antoine* , Vie du jeune Louis XVII.)

§ XXXI. — Le 11 décembre, le Roi fut man-
dé à la barre de la Convention, pour y subir un
premier interrogatoire. Dès le matin tout annonçait cet événement, les rumeurs extérieures , la
surveillance redoublée au dedans; mais à peine
Cléry, après s'en être assuré , put-il le communiquer en deux mots à ceux, et surtout à celui
qu'il concernait si péniblement. A la suite du
déjeuner le plus triste et le plus silencieux, le
Roi étant rentré chez lui avec son fils , ce jeune
prince, qui engageait souvent son père à jouer
avec lui au siam, fit ce jour-là tant d'instances,
que le Roi , malgré sa situation, ne put s'y refuser. L'enfant royal perdit toutes les parties, et
deux fois il ne put aller au-delà du nombre
seize. Toutes les fois que j'ai ce nombre de seize ,
dit-il avec un léger dépit , je ne peux gagner la
partie. C'est un point bien malheureux ! — Ah !
mon fils, répondit le Roi , ce n'est pas d'aujour-
d'hui que je le sais! (*L'auteur cité*.) Ce mouvement
qu'un esprit dur nommera superstitieux, fera sou-

pirer les cœurs sensibles , qui ne haïssent pas de
s'en prendre au sort aveugle des maux dont ils
ont bien la force de sentir les effets, mais dont ils
n'ont ni le courage ni la volonté de démêler la
cause et de comprendre la raison. (*R. de W.*)

A onze heures, pendant que Louis XVI donnait une leçon de lecture à son fils, deux municipaux vinrent chercher cet enfant, qu'ils con-
duisirent chez sa mère, au grand déplaisir du
Roi. A son retour de la Convention, on lui an-
nonça durement qu'il ne pourrait plus communiquer avec personne de sa famille, sans en ex-
cepter le jeune prince. Ce cœur, qu'embrasait
l'amour paternel, fut déchiré par ce trait de méchanceté. Quoi! s'écria-t-il avec amertume, pas
même avec mon fils!... Hélas! il n'a que sept
ans!... O mon fils! mon cher fils!

Quelques jours après, on consentit à lui rendre le jeune prince. On offrait même de laisser
sa fille venir près de lui, s'il le désirait, mais à
condition qu'ils ne pourraient plus voir leur
mère ni leur tante qu'après le dernier interrogatoire. Vous voyez, dit le Roi à Cléry, la cruelle
alternative où ils viennent de me placer; je ne
puis me résoudre à avoir mes enfans avec moi :
pour ma fille, c'est impossible; et pour mon fils
je sens tout le chagrin que la Reine en éprouve-

rait : il faut donc consentir à ce nouveau sacrifice.... Ces enfans ne virent plus leur père, hélas! que pour lui dire un éternel adieu... (*Mémoires de Cléry, Vie de Louis XVII.*)

§ XXXII. — Faut-il retracer, d'après tant
d'autres et d'après moi-même, cette scène douloureuse et à jamais mémorable, qui n'eut qu'un
modèle antique dans la personne du doux Agis,
et qu'un exemple moderne dans celle du malheureux Stuart? Ces détails pénibles, dont se com-
posent les derniers momens du père, n'entrent
que comme accessoires dans la vie du fils. Seulement, qu'on se représente cet enfant, aussi tendre que spirituel, placé alternativement sur les
genoux et dans les bras d'un père condamné,
dont il comprend très-bien la condamnation ;
qui va le quitter pour toujours, et dont il sent
par avance la privation horrible ; qu'on se le figure enveloppé, pour ainsi dire, des funèbres
caresses de ses parens, baigné de leurs larmes,
auxquelles il mêle ses larmes abondantes... Je n'ai
pas la force de reproduire une situation si déchi-
rante : elle dura sept quarts d'heures, au terme
desquels l'auguste condamné, averti par ses gardiens, congédia sa déplorable famille. En le quittant, leurs sanglots, leurs cris, éclatèrent sous
les voûtes de la tour ; et quand ils furent rentrés

dans leur intérieur, le tableau, de troublé, de
bruyant qu'il était, n'offrit plus que l'image
d'une muette et stupide consternation. *Madame*
s'évanouissait, madame Élisabeth demeurait immobile; la Reine, désolée, cherchait à les conso-
ler, et le Dauphin pleurait amèrement. (*R.
de W.*)

Le 21 janvier 1793, jour du sacrifice, Louis
XVI, s'adressant à Cléry, lui dit : Je vais demander que vous restiez près de mon fils. Donnez-lui
tous vos soins dans cet affreux séjour. Rappelez-
lui, dites-lui bien toutes les peines que j'éprouve
des malheurs qu'il ressent; un jour, peut-être, il
pourra récompenser votre zèle. Quelques instans
avant de marcher à la mort, il appela de nouveau le serviteur fidèle. Vous remettrez ce ca-
chet à mon fils, lui dit-il, cet anneau à la Reine.
Dites à la Reine, à mes chers enfans, à ma sœur,
que je leur avais promis de les voir ce matin,
mais que j'ai voulu leur épargner la douleur
d'une séparation si cruelle. Combien il m'en
coûte de partir sans recevoir leurs derniers embrassemens!... (*Vie de Louis XVII.*)

L'heure fatale avait sonné, et les commissaires
ne parlaient pas de faire descendre la Reine et sa
famille chez l'illustre condamné. Me refusera-
t-on de dire le dernier adieu au Roi? s'écria la

Reine en interrompant le cours de ses larmes.
Songez, dit-elle à ses gardiens, que c'est une
épouse qui veut embrasser pour la dernière fois
son époux!... On lui répondit avec un horrible
sang-froid qu'on n'avait pas d'ordre à cet égard.

. Le bruit de l'attirail de guerre annonce le fatal départ à la famille éplorée. Le Dauphin, s'ar-
rachant des bras de sa mère, court vers la porte
de sa prison. Laissez-moi passer, messieurs, crie-
t-il aux gardes en joignant les mains, et en se
jetant à genoux. — Où voulez-vous aller? —
Je veux aller parler au peuple. — Et pourquoi?
— Pour le supplier de ne pas faire mourir le
Roi. Ah! laissez-moi passer, messieurs, au nom
de Dieu, ne m'en empêchez pas!... Les farouches
gardiens repoussèrent durement celui qu'ils au-
raient dû admirer.

Lorsque le bruit des tambours eut cessé,
quand on n'entendit plus aucun mouvement de
troupes, la reine éprouva un saisissement qui la
rendit immobile durant quelques minutes. Tout
à coup elle se lève, court à la porte, à la croisée, suivie de ses enfans en pleurs. Elle les prend
dans ses bras, confond ses sanglots avec ceux
qu'ils poussent, et, les serrant étroitement contre son sein, elle s'écrie: C'en est fait!... Nous
ne le verrons plus!... Et ces infortunés tombè-

rent à genoux , suppliant le ciel de ne point per-
mettre l'exécution d'un aussi horrible attentat...
Madame Élisabeth revint la première de son ex-
cessive douleur; et adressant la parole à sa sœur
et à ses malheureux enfans, elle leur dit avec
une touchante résignation : C'est un sacrifice
qu'il faut adresser à Dieu.

§ XXXIII. — Avant de présenter à l'intérêt
des lecteurs les détails que nous avons réunis sur
la captivité , les derniers jours et la mort de
Louis-Charles , qu'il nous soit permis de leur
offrir quelques anecdotes relatives à ce jeune et
illustre infortuné. Nous emprunterons les suivantes à M. Hue , l'un des officiers de la chambre
du Roi Louis XVI , premier valet-de-chambre
du roi actuel , et dont le nom et le dévouement
sont consacrés dans le Testament du monarque
martyr.

Louis XVII (c'est le nom que nous lui don-
nerons à dater de cette époque), avait reçu en
partage une figure céleste, un esprit précoce, un
cœur sensible , et le germe des plus grandes qualités. Dans un âge encore tendre , ce prince faisait admirer la grâce et la finesse de ses répar-
ties. Combien d'exemples ne pourrais-je pas en
citer !

Un jour, en étudiant sa leçon, il s'était mis

à siffler; on l'en réprimandait. La reine survint, et lui fit quelques reproches. Maman, reprit-il, je répétais ma leçon si mal, que je me sifflais moi-même.

Un autre jour, dans le jardin de Bagatelle, emporté par sa vivacité, il allait se jeter à travers un buisson de rosiers. Je courus à lui. Monseigneur, lui dis-je en le retenant, une seule de ces épines peut vous crever les yeux, ou vous déchirer le visage. Il se retourna, et fixant sur moi des regards aussi nobles que décidés : les chemins épineux, me dit-il, mènent à la gloire.

Ce jeune prince avait pour instituteur l'abbé Davaux, qui, plus d'une fois, eut occasion de remarquer l'esprit et la sensibilité de son élève. Un jour, monsieur le Dauphin, se rappelant une de ses leçons d'histoire, alluma furtivement une lanterne, et feignit de chercher quelque chose qu'il avait perdu. Tout à coup il se retourna vers l'abbé Davaux, et dit, en lui prenant la main : je suis plus heureux que Diogène, j'ai trouvé un homme.

L'abbé Davaux, lors du départ du Roi pour Varennes, avait été quelque temps sans pouvoir donner de leçons à monsieur le Dauphin. Comme il les reprenait un jour, en présence de la reine, le jeune prince désira de commencer par la grammaire. Volontiers, lui dit son instituteur. Votre dernière leçon avait eu pour objet, s'il m'en souvient, les trois degrés de comparaison, le positif, le comparatif et le superlatif. Mais vous aurez tout oublié. — Vous vous trompez, répliqua monsieur le Dauphin. Pour preuve, écoutez-moi : le positif, c'est quand je dis, *mon abbé est un bon abbé ;* le comparatif, quand je dis, *mon abbé est meilleur qu'un autre abbé*; le superlatif, continua-t-il en arrêtant ses regards sur la reine, c'est lorsque je dis, *maman est la plus tendre et la plus aimable de toutes les mamans.* La reine prit son fils entre ses bras, le pressa contre son cœur, et ne put retenir ses larmes.

On se rappelle peut-être que monsieur le Dauphin allait se promener à un petit jardin qui faisait partie de l'enceinte des Tuileries, et qui depuis a été comblé et élevé au niveau de la terrasse de l'eau. Un jour qu'il se disposait à partir pour cette promenade, et qu'au moment même il s'exerçait au maniement d'un fusil, l'officier de la garde nationale de service, lui dit : Monseigneur, puisque vous allez sortir, rendez-moi votre fusil. Le jeune prince le refusa brusquement. La marquise de Tourzel, sa gouvernante, l'ayant repris de cette vivacité : Si monsieur m'eût dit de lui *donner*, fort bien, madame; mais lui *rendre! (Dernières années de Louis XVI.*)

§ XXXIV. — Après la mort de son père, le Dauphin, quoique dans les fers, n'hérita pas moins du titre de roi; et l'ordre successible de la dynastie de saint Louis ne fut pas interrompu. Suspendu dans son action par la violence des gouvernemens usurpateurs, il ne s'arrêta et ne put s'arrêter dans ses effets moraux, même par l'institution plus régulière d'une constitution impériale. Cette dernière forme, voulue par la nation, reconnue par les souverains de l'Europe, et consacrée par l'Église, ne détruisit en rien et ne pouvait détruire les droits légitimes de la royauté, émanés de la nation libre et armée, et transmis aux Bourbons par le consentement exprès ou tacite des générations. Rien n'ayant révoqué ce consentement, ce fut une création nouvelle, indépendante de l'ancienne, et qui lui fut parallèle, sans lui pouvoir jamais être opposée, que l'établissement de l'empire. Il subsistait de fait, déployait son organisation, sans nuire au droit successible des descendans de Robert, fils de Louis IX, au trône royal sur lequel les Français firent asseoir Clovis, Charlemagne et Capet. L'empire aboli, et la forme

royale reprise, il était national, autant que juste,
de rappeler à l'exercice de la puissance souveraine l'héritier et le successeur de Louis XVI. La
politique qui raisonnerait autrement ne s'accor-
derait pas avec la morale. (*R. W.*)

Louis XVII régna donc. Mais, tandis qu'il était
proclamé par le prince de Condé, son palais
était une prison, des geôliers composaient sa
cour, et des traitemens atroces ou des injures
grossières remplaçaient les délices qu'il avait
droit de goûter et les respects qu'on devait à son
rang.

Pendant quelque temps, cette malheureuse famille fut plongée dans un chagrin si profond,
qu'elle semblait insensible à tout. L'amour maternel tira la reine la première de cette espèce de
léthargie : elle pensa à son fils et reprit du courage.

Malgré les persécutions que l'on continua de
faire endurer aux prisonniers, la reine ne s'é-
carta pas un instant des dernières volontés de
Louis XVI : elle n'inspirait à son fils que des
sentimens de douceur et de clémence, et lui rap-
pelait sans cesse ces paroles de son infortuné
père : « Je pardonne de tout mon cœur à ceux
» qui se sont faits mes ennemis, sans que je leur

» en aie donné aucun sujet, et je prie Dieu de
» leur pardonner. Je recommande à mon fils,
» s'il avait le malheur de devenir Roi, de songer
» qu'il se doit tout entier au bonheur de ses con-
» citoyens; qu'il doit oublier toute haine et tout
» ressentiment, et nommément tout ce qui a
» rapport aux malheurs et aux chagrins que j'é-
» prouve.... »

§ XXXV. — L'histoire, qui burinera pour
l'infamie le nom des barbares qui outragèrent
le malheur dans la personne de ses plus augustes
victimes, consacrera celui des hommes sensibles
qui se plurent à le respecter et à l'adoucir. Elle
a déjà signalé à la reconnaissance de la généra-
tion et à l'estime de la postérité, MM. *Toulan
Beaudrais* (qui eut l'honneur de contre-signer le
testament du Roi) et *Lépitre*. Ce fut ce dernier
qui donna à la Reine, quelque temps après la
mort du Roi, les détails sur les derniers momens
de ce monarque infortuné. Bientôt après, il offrit à cette princesse une romance composée
pour le jeune Roi, et que l'épouse de Cléry avait
mise en musique. La reine accepta cet hommage, et quelques jours après; lorsque M. Lépitre revint au Temple, elle le fit entrer dans la
chambre de Madame Élisabeth, où le jeune

prince chanta cette romance, que Madame ac
compagna :

> Eh quoi ! tu pleures, ô ma mère !
> Dans tes regards fixés sur moi
> Se peignent l'amour et l'effroi ;
> J'y vois ton âme toute entière.
> Des maux que ton fils a soufferts
> Pourquoi te retracer l'image ?
> Puisque ma mère les partage,
> Puis-je me plaindre de mes fers ?

(*Vie de Louis XVII. Dern. ann. de
Louis XVI.*)

§ XXXVI. — Le 1er. juillet, le comité de
salut public ordonna la séparation du fils de
Louis Capet d'avec sa famille, et sa remise aux
mains d'un instituteur, au choix de la commune.
Le 3, cette séparation eut lieu. Louis-Charles
fut transféré de l'appartement de sa mère dans
une autre partie de la tour. Son auguste mère,
Madame Élisabeth et Madame Royale, embras-
sèrent et baignèrent de larmes pour la dernière
fois cet enfant désespéré d'une si cruelle séparation. La reine lui dit en le quittant : Souvenez-
vous, mon fils, d'une mère qui vous aime ; soyez
sage, doux et honnête. Le jeune prisonnier
pleura deux jours entiers, redemandant sans
cesse sa mère, sa tante et sa sœur. On lui permit

deux ou trois fois d'aller prendre l'air sur la tour;
et l'unique plaisir, l'unique consolation de la
Reine étaient alors de le voir passer de loin, à
travers une petite fenêtre. Elle y restait des
heures entières, pour guetter et saisir l'instant
de voir cet enfant si chéri, si regretté et si digne
de l'être. (*Vie de Louis XVII.*)

§ XXXVII. — Des mains les plus tendres et
les plus augustes, le jeune captif passa entre les
mains les plus cruelles, les plus grossières, les
plus ineptes. Simon et sa femme, couple également pervers, furent donnés pour instituteurs
au fils des rois; on eût dû craindre et rougir de
les commettre à l'éducation de l'enfant du dernier des hommes. Ici, l'on nous permettra, en
nous copiant nous-mêmes, de retracer ce que
nous écrivions, il y a près de dix-huit ans, à
une époque, où la sincérité et l'énergie d'un tel
langage et de semblables tableaux pouvaient
suppléer le talent par le courage, et mériter,
comme ils l'obtinrent en effet, les honneurs de
la persécution. Aujourd'hui, ils présentent sous
un seul point de vue, et comme en un faisceau,
les détails nombreux et variés dont ils offrent
l'ensemble, en élaguant leurs superfluités, en
conciliant leurs contradictions.

« La sombre politique de la tyrannie que le

9 thermidor a détruite, avait condamné, non-seulement à la captivité la plus rigoureuse, mais aux erreurs d'une éducation corrompue, un enfant infortuné. Le barbare auquel on avait donné le titre de son instituteur, n'en exerçait les fonctions qu'en avilissant l'âme, qu'en détériorant les sentimens de son élève. Non content de cette dépravation morale, il y ajouta l'altération des organes et toutes les incommodités qui, à la longue, devaient amener la destruction du physique.

» Tel fut enfin le résultat de ces perfides combinaisons. Dans un corps fatigué par des souffrances continuelles, le jeune Louis-Charles renfermait une âme privée d'énergie, incapable de s'élever désormais à la dignité de l'homme, et totalement façonnée à la bassesse et à l'esclavage. Ce n'étaient point là les sentimens que lui avait communiqués sa mère : elle avait, pour ainsi dire, nourri d'orgueil et trempé de fierté le cœur de son fils, aux principes, aux opinions duquel elle avait donné le ressort qui la caractérisait elle-même. Tous les efforts du cordonnier Simon, vil instrument des lieutenans de la tyrannie, s'étaient réunis pour diminuer, pour anéantir même, s'il était possible, l'élasticité de ce ressort, dont ces âmes abjectes et despotiques redoutaient le jeu futur. Mais déjà le caractère du jeune Louis-Charles, développé à la chaleur d'un tempérament précoce, se trouvait incapable de ployer : on se décida à le rompre. L'enfant tomba, de la hauteur des sentimens les plus sublimes, dans l'avilissement le plus déplorable. On craignait qu'il n'agît en Roi : on le réduisit à ne plus même penser en homme.

» Le supplice de son bourreau lui permit de respirer. L'un des premiers soins du gouvernement *régénéré* fut de voler à la défense des victimes de l'ancien. Des représentans du peuple étant allés visiter les prisonniers du Temple, ils furent aussi effrayés qu'attendris de leur situation. Deux faibles arbustes, unique rejeton d'un chêne écrasé par la foudre, se prêtent un mutuel appui, s'ils ne sont pas séparés : enlaçant dans un embrassement réciproque leurs branches flexibles, ils opposent quelque force et quelque résistance à l'impétueuse furie des vents du nord ; que deviendraient-ils, s'ils étaient désunis? Le moindre souffle ferait ployer jusqu'à terre leurs cimes gémissantes : peu d'efforts suffiraient pour les déraciner. Mais de semblables idées pouvaient-elles éclore dans des têtes qui ne rêvaient que destruction, dans des cœurs qui ruminaient le sang? Des orphelins avaient été arrachés des bras l'un de l'autre ; la sœur végétait loin du frère , qu'on laissait croupir sur un immonde fumier : l'expression n'est point exagérée. Les représentans le trouvèrent dans le galetas d'un donjon ouvert à toutes les intempéries , démeublé , sans brique ni parquet , pareil en tout à la plus sale écurie. L'infortuné , presque nu , voilant ses reins d'une misérable serpillière , était blotti dans un bouge infect , couché sur une paille vermineuse , à peine préservé des rigueurs de l'hiver ou des ardeurs de l'été par un lambeau déchiré de vieille tapisserie. Tous les jours , à une heure indiquée , il rampait en tremblant , de son réduit au guichet de sa prison , duquel une main dédaigneuse laissait tomber un morceau de pain , quelques légumes crus , et quelquefois des fruits. Une seule fois par semaine , Simon ouvrait entièrement la porte , pour faire entrer dans le cloaque de sa victime une voie d'eau non épurée , et pour en faire nettoyer les ordures ; encore , dans les derniers temps , cette précaution fut-elle négligée , de manière que le malheureux respirait le méphitisme délétère de ses propres émanations. Ainsi , contraint de végéter , ou il demeurait dans une entière inaction, ou ne faisait que des choses nuisibles. Recevait-il , ou, pour mieux dire, lui jetait-on sa provision du jour, il mangeait en une fois ce qui devait composer ses quatre repas, et il se donnait de mortelles indigestions. Il renversait sa provision d'eau, puis séchait d'une soif, qu'une quantité démesurée de ce liquide n'apaisait pas sans douleur et sans danger. Il brisait ses vitres, déchaussait les carreaux de sa chambre pour en faire des petits palets, déchirait ou découpait ses habits, et mettait ses matelas par lambeaux à force de se rouler dessus et d'y faire des culbutes. Tristes et funestes effets de l'abandon et de l'indiscipline ! Cet enfant, si studieux près de son père, se mit à déchirer le peu de livres qui lui restaient. Selon un de ses biographes, il en avait détaché les feuillets, et fait des bataillons de canes avec les belles estampes de La Fontaine et de Télémaque. Plus de dessin, plus d'écriture ; nulle curiosité, aucune envie de lire, de s'instruire ; pas le plus léger ressouvenir de ses notions historiques, de ses études en géographie : tout fut effacé, tout fut oublié.

» Ses coupables gardiens n'en étaient pas arrivés tout à coup à cet excès de négligence et de perversité : ils avaient, au contraire, commencé par diriger, sur une espèce de plan méthodique, l'éducation et l'enseignement de leur élève ; à la vérité, les principes qu'ils lui professaient, les

opinions qu'ils lui inculquaient, les discours
même qu'ils lui faisaient entendre ou répéter,
n'étaient rien moins que conformes à la décence
des mœurs, à la sagesse d'une politique éclairée,
à la modération d'une vie simple, utile et labo-
rieuse. Du fils d'un Roi, Simon voulait faire, je
ne dirai pas un citoyen français, ce qui eût été
honorable, mais un Spartiate frénétique, mais
un sauvage indépendant. Et, par une contradic-
tion qui ne peut germer que dans un entendement
scélérat et mal organisé, pendant que, d'un côté, il le berçait des chimères d'un républicanisme
anarchique, de l'autre il l'emmaillottait dans les
langes d'un esclavage superstitieux. Il lui permettait bien d'insulter à la pudeur de sa sœur, de
calomnier la mémoire de ses parens, de souiller,
en quelque sorte, la tombe de sa mère; mais
comme si, en lui suggérant le crime, il n'eût
cherché que le prétexte de lui infliger un châtiment, ce que d'une part il accordait à la licence, il l'en punissait de l'autre par le joug
d'une humiliante servitude. Ainsi, le fils des Rois
pouvait salir son imagination d'idées sanguinaires, et ses lèvres d'expressions de portefaix,
pourvu que, docile aux caprices de son maître,
il courbât sous ses pieds un tête dégradée. Simon
se complaisait à ce tableau de l'ignorance auda-

cieuse, de l'insolente rusticité, écrasant et foulant les débris de l'illustration et de la grandeur. Sa femme, aussi méchante que lui, comme lui en proie à la débauche du sang et du vin, s'accordoit encore avec lui pour tourmenter le jeune infortuné. L'enfance, cette douce époque de la vie, qui intéresse tous les cœurs; le malheur, qui sait les attendrir; l'abandon, qui va remuer la pitié au fond des âmes les plus insensibles, qui en sollicite si éloquemment, qui en obtient des secours et des larmes; tant d'autres titres à la commisération devinrent les motifs de l'endurcissement de ce couple féroce. On eût dit du mariage d'un démon avec une furie; avec cette distinction toutefois, que le démon était toujours menaçant et furieux, et que la furie ne se montrait jamais que doucereuse, pateline, et même caressante. Pendant le jour, il n'est pas de besogne ennuyeuse, dégoûtante, fatigante quelquefois, à laquelle ils n'astreignissent le pauvre enfant. Les fonctions du ménage, des soins même plus humilians, étaient son partage. Il s'en occupait avec zèle, avec assiduité, ne se plaignait jamais, ne murmurait point, et se contentait, lorsque le travail n'était pas mesuré à ses forces, de verser quelques larmes. Des manières durés, un visage repoussant, des propos injurieux, souvent des gestes de colère , étaient la récompense de tant de douceur et de docilité. C'était aux pieds de ses bourreaux , sur la terre nue , que le malheureux Louis-Charles recevait ses alimens ; il les mangeait en silence, attentif aux signes de ses horribles maîtres , et n'osant presque lever sur eux ses timides regards. La voix de Simon , ses imprécations continuelles , l'expression ironique et tranquillement meurtrière du visage de sa femme , son propos tour à tour obscène et cruel, épouvantaient , faisaient trembler le royal orphelin. Ses tourmens ne finissaient point avec le jour. Le sommeil , au sein duquel tout infortuné trouve un asile , ne pouvait soustraire celui-ci à la barbarie de ses geôliers. A peine cédait-il au besoin de délasser par le repos ses jeunes membres inhumainement fatigués , que les clameurs de Simon , pareilles aux cris d'une bête farouche , l'arrachaient à son grabat. *Où es-tu, Capet ?* hurlait l'abominable gardien ; *Viens ici, que je te voie !* L'enfant éperdu s'élançait de son gîte : encore endormi, tout tremblant, dans l'horreur des ténèbres , il rampait jusqu'au lit de Simon , qui, d'un coup de pied ou d'un revers de main , le renvoyait dans son coin, ainsi qu'un ignoble sapajou. Cet affreux exercice se répétait plusieurs fois chaque nuit, et dura quelques mois.

» Au bout de ce temps, lorsqu'on se fut convaincu que l'abrutissement dans lequel on faisait entrer l'âme du jeune prisonnier commençait à en effacer ce caractère primitif qui distingue l'homme des animaux, il paraît que Simon reçut l'ordre de couronner son travail, en mettant le comble à ses infamies. Un tel commandement flattait trop le double penchant du monstre à la paresse et à la cruauté, pour qu'il cherchât à l'éluder. Louis-Charles, déjà mal vêtu, fut privé de ses habits ordinaires et couvert de guenilles ; cette métamorphose, à laquelle présida la femme Simon, fut appelée, par une allusion atroce, le jeu du roi dépouillé. L'intéressante victime, dont la prison, les malheurs, les mauvais traitemens, la nourriture malsaine n'avaient point altéré les grâces ni la santé, vit couper, sans oser se plaindre, sa blonde chevelure. Un mauvais bonnet rouge couvrit sa tête, et, sans chemise comme sans chaussure, il fut précipité dans la crèche dont je viens de parler.

» Quand les députés y entrèrent, il vinten tremblant au-devant d'eux. Ses cheveux avaient crû, sa taille s'était élancée, ses traits s'étaient développés. Quoique altérés par une maigreur et une

pâleur extrêmes , les linéamens de la beauté n'é-
taient point totalement effacés de sa personne :
on les retrouvait sous les haillons de la misère ,
parmi les traces d'une longue malpropreté. Son
regard surtout , quoique extrêmement timide ,
était remarquable par une expression de candeur
spirituelle , semblable à celle qu'on place dans
les yeux des anges. Il avait dans le sourire la
bonhomie de son père , et quelque chose de la
fierté des Lorraines. On voyait qu'il eût été char-
mant dans la prospérité ; mais on sentait qu'il
commandait l'intérêt dans ses revers. La douceur, les discours consolans , les bons procédés,
les caresses encouragèrent l'aimable orphelin , et
peu à peu bannirent sa défiance et sa timidité.
Son étonnement était égal à sa satisfaction. A
son âge , les projets de l'avenir n'occupent pas
davantage que les souvenirs du passé : sa joie
naïve fut donc causée par le bien-être du présent,
plus que par le plaisir de se voir affranchi de ses
souffrances , plus que par l'espoir de n'en jamais
éprouver de semblables. L'habitude de ployer
sous la verge de Simon ne s'oublia pas tellement,
qu'il ne parlât de cet homme avec crainte et respect. Il n'osait raconter ce qu'il en savait. Telle
était même l'excellence du cœur de cet enfant ,
que , malgré les tourmens que lui avait fait en-

durer son indigne gouverneur, il avait conçu
pour lui une sorte de reconnaissance. Lorsque,
par la suite, il apprit la punition de cet anthro-
pophage, il pleura. Et quand on lui demanda si,
devenu roi, il ne l'eût pas fait châtier, il fit la
réponse que nous avons rapportée : Je l'aurais
fait punir pour l'exemple. (CIMETIÈRE DE LA MA-
DELEINE, par *M. Regnault de Warin*; tome 4,
édition in-12 et in-18, de 1800 et 1801).

§ XXXVIII.—Encore quelques traits acheve-
ront de donner du prince qui nous occupe, et que
nous regrettons, l'idée la plus juste et la plus fa-
vorable. En voici un qui prouve que, malgré les
affreux principes de ses gardiens, le sentiment
de la reconnaissance ne s'éteignit dans son cœur
qu'avec la vie.

La femme Simon, croyant avoir besoin des
soins de M. Naudin, chirurgien de l'Hôtel-Dieu,
elle le pria de se rendre au Temple. M. Naudin
s'y transporta, lui prescrivit un régime, et pro-
mit de revenir la voir le lendemain. Pendant qu'il
lui parlait, le féroce Simon gourmandait à sa
manière l'auguste prisonnier; il voulait le con-
traindre à chanter des couplets obscènes, impies,
régicides : l'enfant ne répondait que par ses larmes. Tout à coup le monstre l'enlève par les
cheveux, en lui disant d'une voix infernale :

Malheureuse vipère ! il me prend envie de t'écraser la tête contre ce mur, car j'ai bien peur que
tu ne ressembles un jour à ton père. M. Naudin,
indigné, court à la victime, l'arrache des mains
de son bourreau, et adresse avec force à celui-
ci tous les reproches que mérite sa sacrilége bru-
talité. M. Naudin s'étant retiré, l'enfant, quand
il se trouva seul avec la femme Simon, dit à
celle-ci : Votre médecin est sans doute un homme
de bien ; sa généreuse compassion pour moi m'a
vivement touché. On eût dit qu'il ressentait les
mêmes douleurs que moi. Il reviendra demain ;
je suis obligé de lui témoigner ma reconnaissance. — Vous ne le pouvez pas, répondit cette
femme, vous n'avez rien. — Pardonnez-moi,
répliqua l'enfant, j'ai là les pêches que vous m'a-
vez données pour mon goûter ; je les garderai,
et demain, quand votre médecin viendra, je les
lui offrirai : croyez-vous qu'il les accepte ? —
Mais avec quoi goûterez-vous ? — Oh ! j'aime
bien mieux faire plaisir à une personne qui m'a
montré de l'intérêt, que de goûter. Le lendemain, M. Naudin arriva comme il l'avait promis.
L'intéressant enfant court à ses pêches, et les
présente au médecin, en lui disant avec une
grâce qui ne peut se rendre : Vous m'avez prouvé
hier que vous vous intéressiez à moi, je vous en

remercie. Je n'ai que ceci pour vous en témoigner ma reconnaissance; vous me feriez bien
plaisir de l'accepter; et, si vous le refusiez, vous
me feriez beaucoup de peine. M. Naudin, qui ne
s'attendait point à cet épanchement de reconnaissance, en reçut une émotion qui lui brisa le
cœur. L'ingénuité de l'enfant, le caractère sacré
qui brillait déjà sur son front, le lieu où se passait la scène, tout se traça rapidement à son
imagination. Il n'eut garde de contrister cette
belle âme, il accepta le don. Mais les sanglots
étouffèrent sa voix : il ne put qu'arroser de ses
larmes la main de cet ange. (*Vie de Louis XVII*,
par M. Antoine.)

§ XXXIX.—On a vu que les tortures succes-
sives et variées du jeune proscrit., avaient duré
jusqu'au 9 thermidor (27 juillet 1794), époque
de la chute de Robespierre. Alors la France commença à respirer avec un peu plus de liberté; et
l'amélioration que chaque individu éprouva dans
son sort se fit sentir jusque dans l'intérieur de
la tour du Temple. Des vêtemens décens et commodes, une habitation plus salubre, une nourriture plus saine, des amusemens analogues à son
âge, tels furent les avantages que le jeune Roi
retira de la destruction du régime révolutionnaire. Mais, hélas! cet heureux changement arri-

vait trop tard pour l'infortuné Louis XVII ; les traitemens barbares de Simon et de ses misérables successeurs avaient usé les ressorts de son existence. Néanmoins la nature offre de grandes ressources à cet âge, et peut-être aurait-on pu sauver les jours du jeune prince. Je prouverai bientôt que les nouveaux gouvernans n'agirent pas avec cette louable intention : les faits suivans, en nous donnant cette triste conviction, vont nous révéler en même temps un procédé le plus étonnant, le plus extraordinaire, l'unique de ce genre, peut-être, que fournissent, non-seulement les fastes de l'enfance, mais encore l'histoire de tous les âges de l'homme.

Dans le courant de février 1795, le conseil municipal de la commune de Paris, qui avait toujours la surveillance du Temple, envoya des commissaires au comité de sûreté générale pour annoncer que la santé du jeune prisonnier était menacée d'un danger imminent et demandait de prompts secours.

Interrogés sur la nature de ces dangers, ils dirent que ce jeune prince refusait non-seulement tout conseil et tout secours, mais qu'il refusait aussi de s'expliquer sur le mal qu'il éprouvait et de répondre à toutes les questions qu'on lui faisait : ils ajoutèrent qu'ils s'étaient aperçus

que le jeune prince avait des grosseurs à toutes
les articulations, surtout aux genoux et aux coudes, et qu'il voulait toujours rester assis ou couché.

Interrogés ensuite s'ils savaient quelle pouvait
être la cause de ces refus et de ce silence, et depuis quand il en agissait ainsi, ils répondirent
que ce silence et ce refus dataient du jour où la
violence lui avait arraché l'horrible déposition
que les atroces scélérats Hébert et Simon lui
avaient fait signer contre son auguste mère, et
qu'ils ne doutaient pas que ce ne fût la cause de
cet extraordinaire procédé.

D'après cet exposé, le comité chargea trois
de ses membres de se transporter au Temple
pour vérifier les faits et lui en rendre compte.
MM. Harmand, Reverchon et Mathieu, furent
choisis pour cette commission. Voici le rapport
de M. Harmand : il sera dans tous les temps un
sujet de méditation pour les hommes.

« Nous arrivâmes, dit-il, à la porte sous
l'affreux verrou de laquelle était enfermé le fils
innocent, le fils unique de notre Roi, notre Roi
lui-même; la clef tourne avec bruit dans la ser-
rure, et la porte ouverte nous offre une petite
antichambre fort propre, sans autre meuble
qu'un poêle de faïence, qui communiquait dans

la pièce voisine par une ouverture dans le mur
de séparation, et que l'on ne pouvait allumer
que par cette antichambre. Les commissaires nous
firent observer que cette précaution avait été
prise pour ne pas laisser de feu à la disposition
d'un enfant.

» Cette autre pièce était la chambre du prince
et dans laquelle était son lit : elle était fermée
en dehors, il fallut encore l'ouvrir. Ce mouvement de clefs et de verrous porte à l'âme un noir
d'autant plus pénible, que la réflexion ne fait qu'y
ajouter au lieu de le dissiper.

»Ce prince était assis auprès d'une petite table
carrée sur laquelle étaient éparses beaucoup de
cartes à jouer : quelques-unes étaient pliées en
forme de boîtes et de caisses, d'autres élevées
en châteaux. Il était couvert d'un habit neuf à
la matelote, d'un drap couleur ardoise ; sa tête
était nue, la chambre propre et bien éclairée.
Le lit se composait d'une couchette en bois sans
rideaux : le coucher et le linge nous parurent
beaux et bons. Ce lit était derrière la porte à
gauche en entrant ; plus loin, du même côté,
était un autre bois de lit sans coucher, placé
aux pieds du premier : une porte fermée entre
les deux communiquait à une autre pièce que
nous n'avons pas vue. Les commissaires nous

dirent que ce lit avait été celui du savetier Simon.

» Après avoir reçu ces détails préliminaires, je m'approchai : nos mouvemens ne semblaient faire aucune impression sur lui. Je lui dis que le gouvernement, instruit trop tard du mauvais état de sa santé et du refus qu'il faisait de prendre de l'exercice et de répondre aux questions qu'on lui faisait à cet égard , ainsi qu'aux propositions qu'on lui avait faites d'employer quelques remèdes et de recevoir la visite d'un médecin , nous avait envoyés près de lui pour nous assurer de tous ces faits , et lui renouveler, nous-mêmes en son nom, toutes ces propositions; que nous désirions qu'elles lui fussent agréables , mais que nous nous permettrions d'y ajouter le conseil et le reproche même, s'il persistait à garder le silence et à ne vouloir point prendre d'exercice ; que nous étions autorisés à lui procurer les moyens d'étendre ses promenades, et à lui offrir les objets de distraction et de délassement qu'il pourrait désirer, et que je le priais de vouloir bien me répondre , si cela lui convenait.

» Pendant que je lui adressais cette petite harangue , il me regardait fixement sans changer de position, et il m'écoutait avec l'apparence de la plus grande attention ; mais pas un mot de réponse.

» Alors je repris mes propositions, comme si j'eusse pensé qu'il ne m'avait pas entendu, et je les lui particularisai à peu près de cette manière :

« Je me suis peut-être mal expliqué, ou peut-
» être ne m'avez-vous pas entendu, monsieur;
» mais j'ai l'honneur de vous demander si vous
» désirez un cheval, un chien, des oiseaux, des
» joujoux de quelque espèce que ce soit, un ou
» plusieurs compagnons de votre âge, que nous
» vous présenterons, avant de les installer près
» de vous. Voulez-vous dans ce moment descen-
» dre dans le jardin ou monter sur les tours? Dé-
» sirez-vous des bonbons, des gâteaux, etc. ? »

» J'épuisai en vain toute la nomenclature des choses qu'on peut désirer à cet âge : je n'en reçus pas un mot de réponse, pas même un geste, quoiqu'il eût la tête tournée vers moi, et qu'il me regardât avec une fixité étonnante, qui exprimait la plus grande indifférence.

» Alors je me permis de prendre un ton un peu plus prononcé, et j'osai lui dire : « Monsieur,
» tant d'opiniâtreté à votre âge est un défaut
» que rien ne peut excuser; elle est d'autant plus
» étonnante, que notre visite, comme vous le

« voyez , a pour objet d'apporter quelque adou-
» cissement à votre situation , des soins et des
» secours à votre santé. Comment voulez-vous
» qu'on y parvienne, si vous refusez toujours de
» répondre et de dire ce qui vous convient?
» Est-il une autre manière de vous le proposer?
» Ayez la bonté de nous le dire , nous nous y
» conformerons. »

» Toujours le même regard fixe et la même
attention; mais pas un seul mot. Je repris.

« Si votre refus de parler , monsieur , ne
» compromettait que vous, nous attendrions,non
» sans peine , mais avec plus de résignation ,
» qu'il vous plût de rompre le silence , parce que
» nous devons en conjecturer que votre situa-
» tion vous déplaît moins sans doute que nous le
» pensions , puisque vous ne voulez pas en sor-
» tir; mais vous ne vous appartenez pas : tous
» ceux qui vous entourent sont responsables de
» votre personne et de votre état ; voulez-vous
» nous compromettre nous-mêmes ? car quelle
» réponse pourrons-nous faire au gouvernement,
» dont nous ne sommes que les organes? Ayez la
» bonté de me répondre, je vous en supplie, ou
» bien nous finirons par vous l'ordonner. »

« Pas un mot, et toujours la même fixité. J'é-
tais au désespoir et mes collègues aussi. Ce regard,

surtout, avait un tel caractère de résignation et d'indifférence, qu'il semblait nous dire : *Que m'importe ? achevez votre victime !*

» Je n'en pouvais plus : mon cœur se gonflait, et je fus prêt à céder aux larmes de la plus amère douleur ; mais quelques pas que je fis dans la chambre me remirent, et me confirmèrent dans l'idée d'essayer l'effet du commandement ; ce que je tentai en effet, en me plaçant tout près à la droite du prince, et en lui disant : *Monsieur, ayez la complaisance de me donner la main.* Il me la présenta, et je sentis, en prolongeant mon mouvement jusque sous l'aisselle, une tumeur au poignet et une au coude. Il paraît que ces tumeurs n'étaient pas douloureuses, car le prince ne le témoigna pas. *L'autre main, monsieur.* Il me la présenta aussi : il n'y avait rien. *Permettez, monsieur, que je touche aussi vos genoux :* il se leva. Je trouvai les mêmes grosseurs aux deux genoux, sous le jarret.

» Placé ainsi, le jeune prince avait le maintien du rachitis et d'un défaut de conformation ; ses jambes et ses cuisses étaient longues et menues, les bras de même, le buste très-court, la poitrine élevée, les épaules hautes et resserrées, la tête très-belle dans tous ses détails, le teint clair, mais sans couleur, les cheveux longs et beaux, bien tenus, châtain clair. « *Mainte-nant, Monsieur, ayez la complaisance de marcher.* Il le fit aussitôt, en allant vers la porte , et il revint s'asseoir sur-le-champ.

« Pensez-vous, Monsieur, que ce soit là de
» l'exercice ? Et ne voyez-vous pas, au con-
» traire, que cette apathie seule est la cause de
» votre mal et des accidens dont vous êtes me-
» nacé ? Ayez la bonté d'en croire notre expé-
» rience et notre zèle ; vous ne pouvez espérer
» de rétablir votre santé qu'en déférant à nos
» demandes et à nos conseils : nous vous enver-
» rons un médecin, et nous espérons que vous
» voudrez bien lui répondre. Faites-nous signe
» au moins que cela ne vous déplaira pas.

» Monsieur, ayez la bonté de marcher encore,
et un peu plus long-temps. »

» Silence et refus. Il resta sur son siége, les
coudes appuyés sur la table : ses traits ne chan-
gèrent pas un seul instant ; pas la moindre émotion apparente, pas le moindre étonnement
dans les yeux, comme si nous n'eussions pas été
là, comme si je n'eusse rien dit. Mes collègues
ne parlèrent pas.

» Nous nous regardions d'étonnement, et nous
faisions quelques pas l'un vers l'autre, pour
nous communiquer nos réflexions , lorsqu'on ap-

porta le dîner du prince. Nouvelle scène de douleur : il faut l'avoir vue et éprouvée pour la croire.

» Une écuelle de terre rouge contenait un potage noir, couvert de quelques lentilles. Dans une assiette de la même espèce était un petit morceau de bouilli, noir aussi et retiré, et dont la qualité était assez marquée par ces attributs. Une seconde assiette, dont le fond était rempli de lentilles, et une troisième, dans laquelle étaient six châtaignes, plutôt brûlées que rôties ; un couvert d'étain ; point de couteau (les commissaires nous dirent que c'était l'ordre du conseil de la commune); et point de vin.

» Tel était le dîner du fils de Louis XVI, du successeur de tant de rois ! Tel était le traitement fait à l'innocence !

» Pendant que l'illustre prisonnier faisait cet indigne repas, mes collègues et moi, nous exprimâmes par nos regards, aux commissaires de la municipalité, notre étonnement et notre indignation ; et pour leur épargner, en présence du prince, les reproches qu'ils méritaient, je leur fis signe de sortir dans l'antichambre. Là, nous nous expliquâmes comme nous sentions ; ils nous répétèrent que c'était l'ordre de la municipalité, et que c'était encore pire avant eux.

Nous ordonnâmes que cet ordre de choses serait changé à l'avenir, et que l'on commencerait à l'instant même à ajouter au dîner quelques friandises, et surtout du fruit. Je voulus qu'on lui procurât du raisin, qui était rare alors.

» L'ordre ayant été donné, nous rentrâmes : il avait tout mangé. Je lui demandai s'il était content de son dîner? Point de réponse : s'il désirait du fruit? point de réponse : s'il aimait le raisin? point de réponse. Un instant après, le raisin arriva : on le plaça sur la table ; il le mangea, sans rien dire. En désirez-vous encore? point de réponse.

» Il ne nous fut plus permis de douter alors que toutes les tentatives de notre part pour le faire parler seraient inutiles. Je lui fis part de notre détermination ; et je lui dis qu'elle était d'autant plus pénible pour nous, que nous ne pouvions attribuer son silence à notre égard, qu'au malheur de lui avoir déplu; que nous proposerions en conséquence au gouvernement de lui envoyer des commissaires qui lui seraient plus agréables. Même regard, mais point de réponse. Voulez-vous bien, Monsieur, que nous nous retirions ? Point de réponse.

» Cela dit, nous sortîmes. J'ai expliqué les

motifs auxquels les commissaires attribuaient le
silence opiniâtre du prince. Je leur demandai si
ce silence datait réellement du jour où la plus
barbare violence lui avait fait faire et signer l'o-
dieuse et absurde déposition contre la Reine sa
mère. Ils renouvelèrent leur assertion à cet
égard, et nous protestèrent que, depuis le soir
de ce jour-là, le prince n'avait pas parlé. La déposition est du 5 octobre 1793; la visite des
membres du comité eut lieu au mois de février
1795 : ainsi Louis XVII aurait gardé un silence
obstiné l'espace d'environ quinze mois. Après
avoir présenté cette anecdote à l'éternelle douleur des âmes sensibles, M. Harmand la livre
aux observateurs de la nature. Est-il possible,
ajoute-t-il, qu'à l'âge de neuf ans, un enfant
puisse former une telle détermination et y per-
sévérer ? C'est ce qui n'est pas vraisemblable
sans doute; mais je réponds à ceux qui doute-
raient, ou qui nieraient, par un fait et par des
témoignages que j'indique, et auxquels on peut
recourir. (*Anecdotes sur la révolution.*)

§ XL. — Au mois de février 1795, la commune fait connaître aux comités de gouvernement le silence, l'état maladif et le danger du
jeune roi. Trois mois après, les conventionnels
envoient auprès de lui le célèbre Desault, qui,

d'après quelques visites et un examen scrupuleux,
déclare qu'il a été appelé trop tard, que le mal
a fait des progrès qui le rendent incurable. Quelques jours après, Desault meurt , aussi-bien que
Choppart, autre chirurgien qui , ainsi que lui ,
avait donné des soins à l'infortuné. Le bruit se
répand aussitôt qu'après avoir administré un
poison lent au malade, ces savans ont eux-mêmes
été empoisonnés par ceux qui avaient ordonné le
crime. Par cette imputation, calomnieuse il est
vrai, on peut juger à quel degré de haine ou de
mépris étaient descendus dans l'opinion publique
les successeurs de Robespierre au gouvernement.

M. Pelletan succède à Desault dans le traitement du jeune prince, qu'il condamne comme
son illustre prédécesseur l'avait condamné. Cependant cet homme sensible, autant que prati-
cien habile, adoucit par un traitement palliatif, et
mieux encore par des égards délicats, les derniers
momens de son auguste malade. Je tiens de lui
que l'infortuné, touché de ne pas rencontrer un
complice de ses persécuteurs, s'abandonna à une
sorte de confiance , et rompit enfin le silence auquel la tyrannie et sa propre résolution l'avaient
condamné. Toutefois , aux questions réitérées et
pressantes , aux caresses, aux honnêtes procédés
de M. Pelletan, il ne répondit guère que par de

rares monosyllabes : une fois seulement , il es-
saya de réunir quelques mots , dont le sens exprimait la satisfaction et la reconnaissance. L'auteur
de sa vie ajoute que cet homme respectable ne
craignit point de se compromettre , en blâmant
les gardiens de n'avoir point fait disparaître ces
grilles qui fermaient les fenêtres ; d'avoir laissé
subsister ces énormes verrous , dont le bruit
horrible portait toujours dans l'âme du prisonnier une épouvante involontaire , en rappelant
sans cesse à son imagination tous les tourmens
qu'il avait endurés dans cet affreux séjour , et
qui l'avaient conduit à l'état déplorable où il se
voyait réduit. M. Pelletan , pénétré d'une noble
indignation , s'exprimait alors avec quelque chaleur : le jeune prince lui fit signe d'approcher ; et,
balbutiant quelques mots , il lui fit entendre de
parler plus bas , afin que sa sœur n'apprît pas
qu'il était malade. Le chirurgien , attendri , prit
sur lui d'ordonner toutes les mesures propres à
répandre un baume consolateur dans le cœur de
cette innocente victime. Louis XVII fut transféré
dans le salon du concierge , dont les fenêtres
donnaient sur le jardin : là , du moins , il put
contempler le soleil du printemps , sans que ses
regards fussent arrêtés par de sombres barreaux ;
là , grâce à un homme compatissant , l'image

d'une horrible captivité ne vint pas attrister les derniers momens de son existence.

Le 7 juin, à la suite d'une longue faiblesse, il fit un dernier effort pour sortir son bras du lit, et le présenter au chirurgien qui le lui demandait. M. Pelletan appliqua, pour la dernière fois, ses lèvres sur la main du prince.... Le lendemain à deux heures de l'après-midi, il reçut ses derniers soupirs. (*Vie de Louis XVII*).

Un procès-verbal d'ouverture du corps prouve que l'enfant est mort de l'effet d'un vice scrofu'eux existant depuis long-temps, vice dont la présence fut constatée par divers dépôts puriformes et lymphatiques aux articulations, et dont le symptôme extérieur était un marasme complet.

Le 9 juin, la mort de Louis-Charles fut annoncée à la Convention ; le 10, à dix heures et demie du so'r, ses dépouilles mortelles furent inhumées au cimetière de la paroisse Sainte-Marguerite.

M. Pelletan, animé d'un pieux sentiment d'amour et de vénération, profita d'un moment de distraction de ses collègues, pour dérober au tombeau le cœur du prince infortuné. Ces précieux restes ont été conservés par lui avec un soin religieux. J'ai vu de mes yeux, j'ai pressé de mes mains ce cœur du jeune martyr : il est déposé dans un vase de cristal orné du chiffre de Louis-Charles, ainsi que des armes de France ; *dix-sept étoiles* réunies forment autour une couronne, qui est surmontée de la croix, symbole de la religion. Un jour, la piété de la nation recueillera, sous un monument digne d'elle, ces débris révérés ; et sur l'urne funéraire, qui offrira au voyageur attendri ce cœur qui souffrit tant, et qui aima davantage, on lira cette inscription, tracée par la main la plus auguste :

MEMORIÆ ET CINERIBUS
LUDOVICI XVII
QUEM
PARENTIBUS SANCTISSIMIS
INFANDO FUNERE ORBATUM
NULLAS NON ÆRUMNAS PERPESSUM
IN IPSO FERE VITÆ LIMINE MORS SUSTULIT
DIE VIII JUNII AN. M. DCC. XC. V.
VIXIT ANNIS X MENSIBUS II DIEBUS XII
LUDOVICUS XVIII
FECIT
FRATRIS FILIO DULCISSIMO
AC SUPRA ÆTATIS MODUM PIISSIMO
SALVE ANIMA INNOCENS
QUÆ CEU AUREUM GALLIÆ SIDUS
BEATO SPATIARIS POLO
VOLENS HANC PATRIAM DOMUMQUE BORBONIDUM
PLACIDO LUMINE INTUITOR

Traduction.

Aux mânes et à la mémoire
De LOUIS XVII
Qu'un destin déplorable
Priva de ses parens chéris
Et qui jouet de toutes les douleurs
Fut presque au seuil de la vie enlevé par la mort
Le VIII juin M. DCC. XCV.
Il vécut X ans II mois XII jours
LOUIS XVIII
Consacra ce monument
Au tendre fils de son frère
Enfant dont la piété devança les années
Salut âme innocente
Toi qui comme un astre bienfaisant levé sur la France
Parcours les espaces fortunés
Daigne couvrir de tes paisibles regards
Cette chère patrie
Et la royale famille qui la gouverne

FIN DES NOTES HISTORIQUES.

L'ANGE
DES PRISONS,

ÉLÉGIDE;

Par M. REGNAULT DE WARIN.

SOUSCRIPTION.

HOMMAGE.

AU ROI.
À Son Altesse Royale, MONSIEUR.
À Son Altesse Royale, MADAME, duchesse d'Angoulême.

∽∽∽∽∽∽∽

S. A. R. Monseigneur le duc d'Angoulême.
S. A. R. Monseigneur le duc de Berry.
S. A. S. Monseigneur le duc d'Orléans.
S. A. S. Madame la duchesse d'Orléans.
S. A. S. Monseigneur le prince de Condé.

∽∽∽∽∽∽∽

MM. et Mesd.

Aclocque de Saint-André (le chevalier), colonel de la onzième légion de la garde nationale de Paris.
Andredi (le comte Eugène), chevalier de l'ordre du Christ.
Angers, libraire, à Versailles.
Armonville.
Audouin, avocat, à Paris.
Audot, libraire, à Paris.
Azelfusch (madame d').
Azworthy (lady).
Bepsi-Kokna, ex-officier de la légion de la Vistule.

MM.

Bertrand (Arthus), libraire, à Paris.
Bonnier, instituteur.
Brichardin, huissier, à Saint-Leu.
Bouillé (le marquis de).
Bouron, employé à la banque de France.
Bovillon (madame), née du Landèle.
Bozon de Talleyrand (le comte).
Brémoy (de).
Brézé (marquise de), née Custine.
Brisebarre, chevalier de la Légion-d'Honneur, chef de
    bureau à la banque de France.
Brunot-Labbe, libraire de l'Université.
Bruyère (de la).
Caqueroy (Stanislas), homme de loi.
Carrée (mademoiselle).
Chassepot de Pissy (marquise de).
Chapterne (Orion de).
Chenaux (F. B.), (l'abbé), un des otages de S. M.
    Louis XVI.
Colmard (madame de).
Coquelue, chevalier de la Légion-d'Honneur, ancien
    officier de la garde de Louis XVI.
Daulnoy (Philippe).
David, à Paris.
Desgenêts, à Champourcy.
Desirat (le chevalier), commissaire-ordonnateur de la
    douzième division militaire.
Dumotet (le comte Alexandre), gentilhomme ordi-
    naire de la maison du Roi.
Dufour de la Pause, à Brinchy.
Duquesne, née de la Garde (madame).
Ecquart, employé aux douanes.
Englément (d').
Evrard, employé à la banque de France.
Ferron (l'abbé le), curé de Croisy, près Chatou.
Ferronays (le comte de la), pair de France.
Ferté-d'Œilcourt (mademoiselle Julie, vicomtesse de),
    ex-chanoinesse.
Fresnaye (de la), caissier à la banque de France.
Fresne (du).
Force (madame la duchesse de la).
Gamond, percepteur des contributions.
Gastellier, chef de bureau à la banque de France.

MM.

Geffrier (Victor), propriétaire à Orléans .
Gilles, libraire, à Bourges.
Gouyon (de), aîné , à Chatelaudren.
Grassins (le vicomte de), sous-préfet de Mayenne.
Gruel de Bois-Gruel (Hector).
Gussier (de), lieutenant de la louveterie royale du dé-
    partement du Var.
Guyard, à Paris.
 Hardancourt-Brillon (madame d'), au château de
    Villers-sur-Mer.
Hédouin , à Paris.
Hermart, jurisconsulte.
Hernoff, interprète.
Imayor (dom Pèdre y Vélasquèz y).
Irsancourt (d'), à Lyon.
Jajot (Candide-Julien), homme de lettres.
Jonval (Alexis, chevalier de).
Jolivet, avocat.
Josse, employé à la banque de France.
Kammer, banquier à Hambourg.
Kappadoce, lieutenant de cavalerie.
Kintzinger (le baron), colonel, secrétaire militaire
    de *Monsieur*.
La Borde (Louis de), écuyer de S. M.
Lally-Tolendal (le comte Trophimé Gérard de), pair
    de France, ministre d'état, l'un des quarante de
    l'Académie française.
Laloy, libraire, à Paris.
La Rivière (le chevalier de).
Lemarchand, défenseur près le tribunal de commerce
    à Caen.
Lissonde (J.-B.-J.), à la banque de France.
Lobjoi, jurisconsulte.
Lucker (la marquise de), à Bourges.
Mâle (le), libraire, à Douay.
Mannoury, aîné, libraire, à Caen.
Marchand (Ange), sous-chef à la banque de France.
Martin (Auguste), secrétaire de la sous-préfecture, à
    Jonzac.
Messié, chevalier de la Légion-d'Honneur, caissier à la
    banque de France.
Moltivand, cultivateur.
Norroi (Dieu Ionné), physicien.

MM.

Odogharty de la Tour.
Omaroi, négociant , à Florence.
Pélicier, libraire , à Paris.
Pelletan (le chevalier).
Persan (comtesse de), née marquise de Séguiran.
Persan (Paul , vicomte de).
Petit (Madame), née Favre.
Piot , brasseur , à Paris.
Piault-Manneton , à Paris.
Plancher, libraire , à Paris.
Platel (J.-B.) , employé aux douanes , à Valenciennes.
Platel de Saint-Julien.
Plivard, commis des douanes royales , à Beauvoir (Ven-
     dée).
Poinion , propriétaire, à Arras.
Poyanne, chef de bureau à la banque.
Raoult (Sylvestre).
Regnault de la Faye.
Rey et Gravier , libraire, à Paris.
Rochechouart (le comte de), maréchal des camps, com-
     mandant de la place de Paris.
Roulleau (le chevalier).
Santerre , notaire royal , à Magny.
Sannonville du Cange, propriétaire , à Sannonville.
Savin d'Erfeuil, à Marseille.
Servan (Henri).
Siret, ancien priseur de la congrégation de France.
Soret (René), chevalier de la Légion-d'Honneur , chef
     de bureau à la banque de France.
Surville , à Paris.
Tains (chevalier de), secrétaire général de l'adminis-
     tration des eaux et forêts.
Talmot, à Lyon.
Tinel (Louis), à Paris.
Tonnellier (le).
Vatar (madame).
Villeheurnois (madame la vicomtesse de la), au châ-
     teau de Soupir.
Warin (de), ex-chanoine.

FIN.

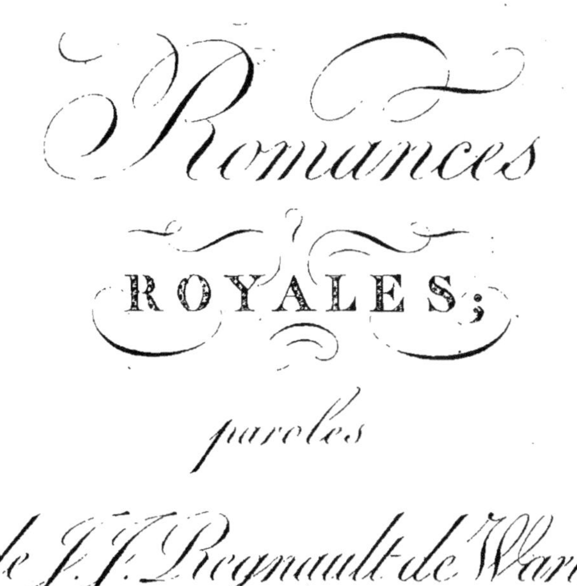

Romances ROYALES;

paroles

de J. J. Regnault de Warin,

Musique

De Ch. d'Ennery,

avec accompagnement de Harpe ou Piano.

LE LYS ET LA ROSE.

2.

Mais dans la brulante saison,
Un jour le plus terrible orage,
Soufflé par un noir aquilon,
Sur mes fleurs porta son ravage:
La rose sur le sein du Lys
Inclina sa coupe flétrie . . . .
Et leurs calices réunis,
Ensemble perdirent la vie .

3.

Pour moi, qui mettais mon bonheur
A soigner leur douce culture;
Depuis cet instant de douleur,
Rien ne me plait dans la nature:
Je vois encore près du Lys
La rose expirante et flétrie . . . .
Puisqu'ils moururent réunis,
Devais je conserver la vie ?

ROMANCE DE MARIE ANTOINETTE.

2 .

O roi! quand cette ignoble chaîne
Chargea tes innocentes mains ,
Daignas tu reprocher ta peine
A la cruauté des destins ?
Victime de la tyrannie ,
Tu tombas sous le coup mortel ,
Sans trouble et sans ignominie ;
Ton échafaud fut un autel.

3 .

. Et moi ta royale complice,
Je pourrais gémir sur mon sort ?
Je craindrais l'honñeur du supplice
Et le bien d'une illustre mort ?
Non : je vivrai dans la mémoire ;
Mon coeur ne fut point abattu
Sous tes bourreaux régnant sans gloire,
Ainsi, qu'il vivent sans vertu.

4 .

Quand sur cette prison plaintive
Le voile des nuits étendu,
Rend à mon ame fugitive
Le doux repos qu'elle a perdu ;
Retrace moi ta chère image,
Berce moi d'une aimable erreur;
Que j'entende encor ton langage
Je retrouverai le bonheur .

PRIERE.

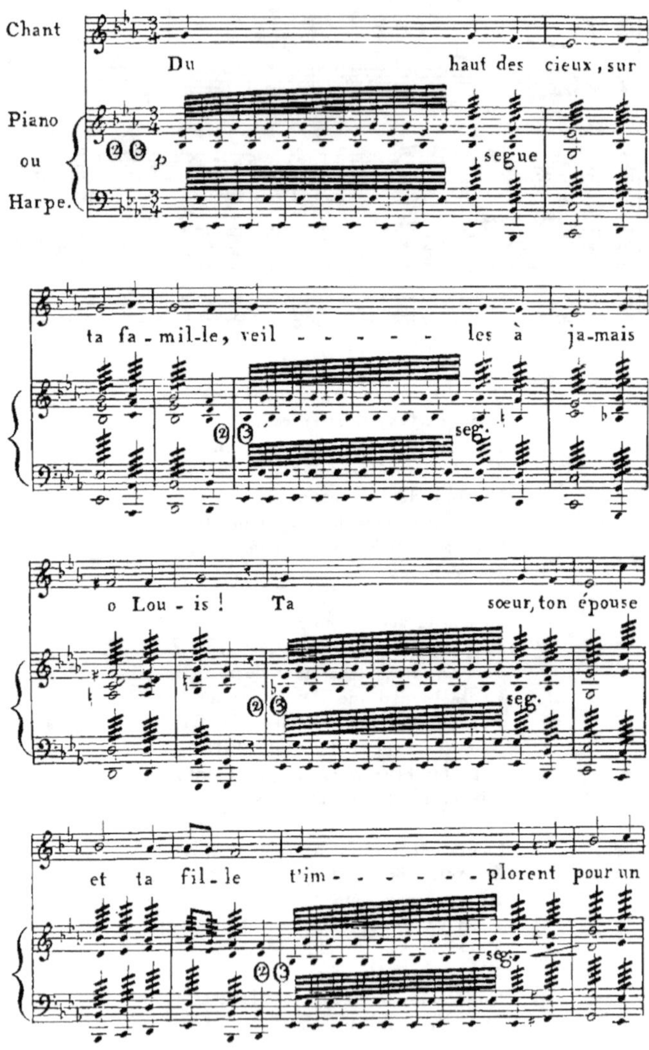

Chant
Piano
ou
Harpe.
Du haut des cieux, sur
segue
ta fa_mil_le, veil _ _ _ _ _ _ les à ja-mais
seg.
o Lou _ is ! Ta sœur, ton épouse
seg.
et ta fil_le t'im _ _ _ _ _ _ plorent pour un
seg.

ten _ dre fils. mal_gré les ty_ rans les ty _ rans de la
France , jus _ _ _ te Dieu.malgré ta ri_
gueur, il est en_cor_son es _ pé_ran_ce; con-ser-ve
le pour son bonheur!

ROMANCE DU ROYAL ENFANÇON.

2.

Ai perdu tout ; insigne trahison
Causa la mort à noble parentage :
Qui prendra soin du Royal Enfançon,
Que noir tyran fait gémir en servage ?

3.

Pauvre orphelin !.. Il pleure en ce donjon
Sœur avec lui souffre aussi l'esclavage...
Prenez pitié du Royal Enfançon ,
Que noir tyran fait gémir en servage.

4.

N'ai que dix ans ; connais peu la raison ;
Mais de douleur fais dur apprentissage :
Prenez pitié du Royal Enfançon ,
Que noir tyran fait gémir en servage .

5.

Oh ! si jamais j'ai le pouvoir !..._ Mais non ;
Roi pardonna la mort et l'esclavage ...
Et l'on dira : le Royal Enfançon
A su souffrir et pardonner l'outrage.

6.

Veilles sur nous, Dieu juste, Dieu si bon !
Et pour souffrir donnes nous le courage !
Ah ! prends pitié du Royal Enfançon ,
Que noir tyran fait gémir en servage !

7.

L'enfant se tut . Glaive, d'un coup félon,
Avec la vie arrêta son langage . . .
Plus ne dira : plaignez cet Enfançon,
Que noir tyran fit gémir en servage.

(Gravées par Melle H. Aubert.)

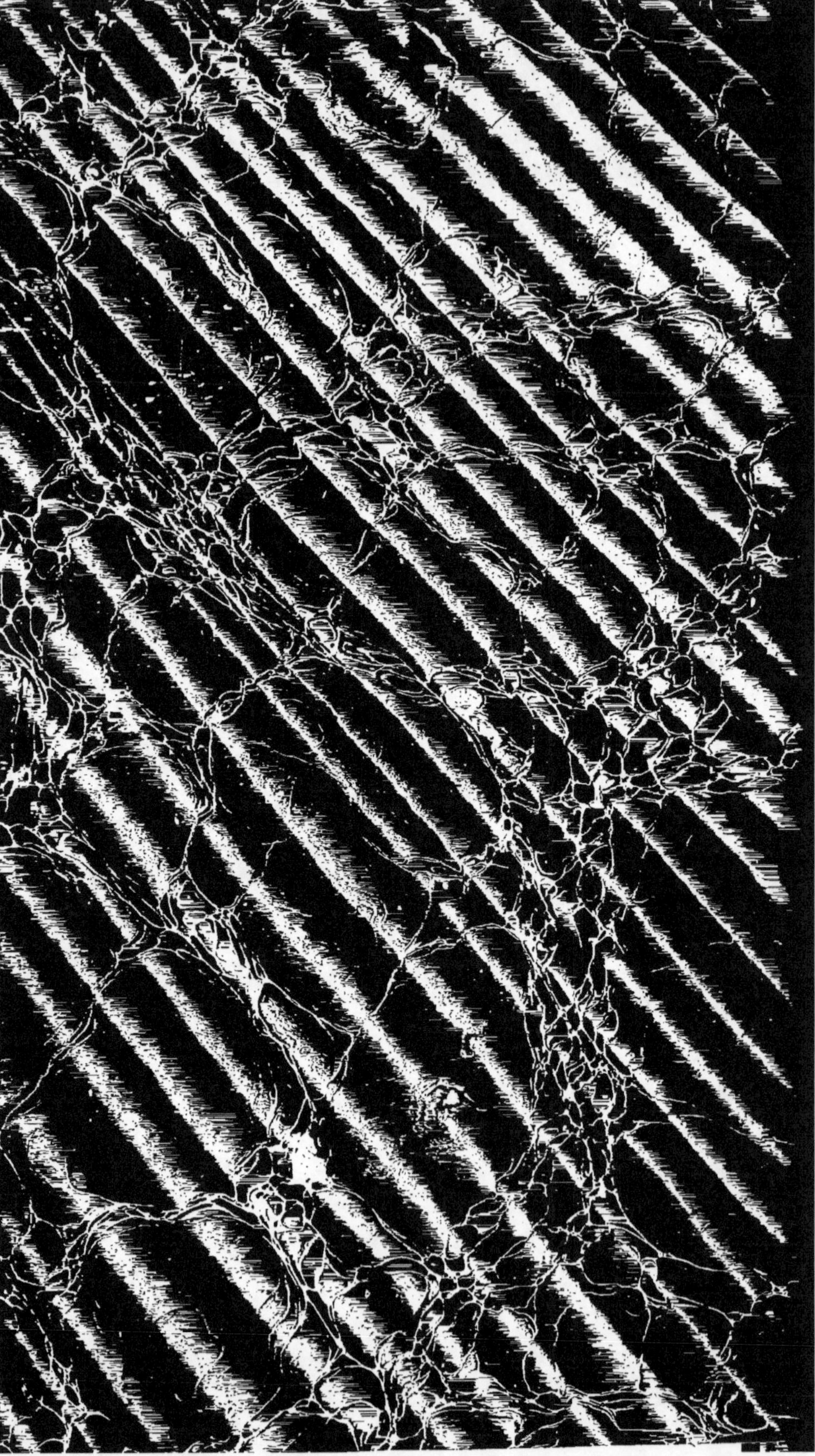

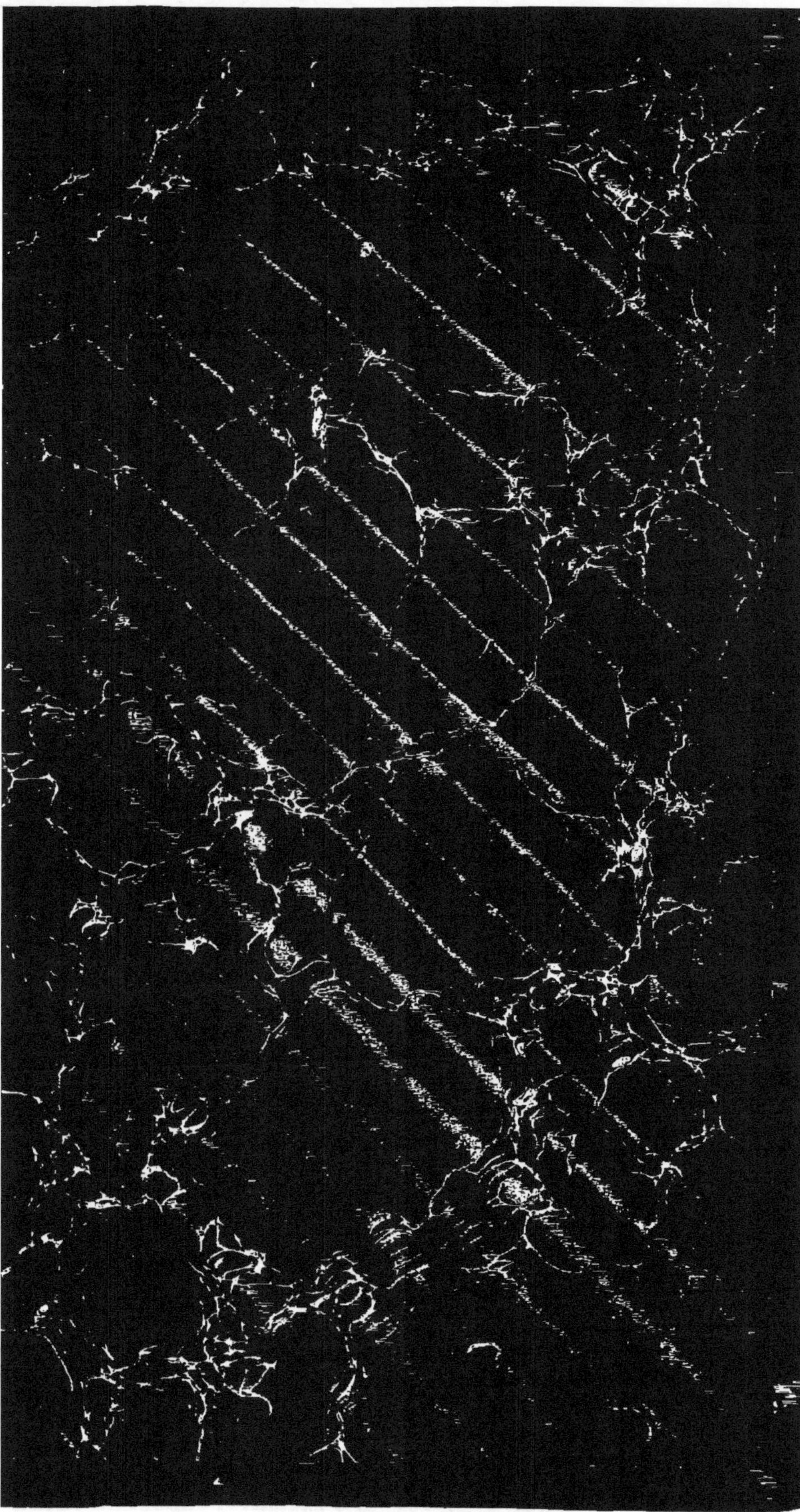